Elaine Childs-Gowell

Heilungsrituale

Aktive Hilfen zum
Akzeptieren und Überwinden
von Schmerz und Verlust

Titel der amerikanischen Originalausgabe:
Good Grief Rituals – Tools for Healing

Deutsche Übersetzung von Sylvia Luetjohann

1. Auflage 1994

© 1992 by Elaine Childs-Gowell
Published by arrangement with
Station Hill Press, Barrytown, New York

© German edition by edition Tramontane, St. Goar

Alle Rechte der deutschen Ausgabe vorbehalten

Printed in Germany

ISBN 3-925828-33-8

Inhalt

Danksagung

Ich bin einigen Menschen, die meinen eigenen Trauerprozeß notwendig und bedeutungsvoll machten, zu
großem Dank verpflichtet; vor allem meinem spirituellen Freund und Ehemann Dick Gowell, an dessen
Schmerz und Trauer um seine Kriegserlebnisse ich großen Anteil nahm; dann meinen eigenen Psychotherapeuten und Ratgebern sowie meinen Klienten, die in
den Jahren, während ich zu meinen jetzigen Erkennt-
nissen und Einsichten gelangte, meine Lehrer gewesen
sind; schließlich meinen Freunden, meiner Familie
und all jenen, die dazu beigetragen haben, daß ich diese
Hilfsmittel für den Umgang mit dem Trauerprozeß im
Laufe der Jahre entwickeln konnte. Ihnen allen sei
gedankt.

Einleitung

Öffne die Tür:
Unter der Teekanne,
in deinen Schuhbändern
ist ein Zauber verborgen . . .
und im Wind draußen,
der zu dir singt.

Marina Medici

In diesem Buch sind Lebenshilfen enthalten, die hier als »Heilungsrituale« bezeichnet werden. Wenn diese Rituale so eingesetzt werden, wie angegeben ist, werden Sie mit den meisten, wenn nicht allen Problemen um Schmerz und Trauer abschließen können, denen Sie sich noch ausgesetzt sehen.

Dieses Buch bietet jedem, der in seinem Leben irgendeine Art von Verlust erfahren hat, eine Reihe von Fertigkeiten an. Der Erfahrungsprozeß wird für Sie wertvoll sein, ob der Verlust noch nicht lange oder scheinbar schon ewig zurückliegt. Kurz gesagt, diese Rituale sind sowohl als Hilfen für diejenigen bestimmt, die gegenwärtig Schmerz erleben, als auch für jene, die »alten« Kummer mit sich herumtragen. Dieses Buch bietet auch Rituale dafür an, sich mit Versöhnlichkeit und, letztlich, mit Dankbarkeit zu befassen.

Wer braucht Rituale,
um seinen Schmerz zu heilen?

*Schmerz hat in sich eine heilende Eigenschaft,
die sehr tief geht, weil wir dadurch zu einer
Gefühlstiefe gezwungen werden, die gewöhnlich
unter der Schwelle unseres Gewahrseins liegt.*
Stephen Levine

Es gibt nur sehr wenige Menschen, denen ein solcher Heilungsprozeß keinen Nutzen bringen würde. Die meisten von uns lassen sich auf irgendeine Weise einer der folgenden Kategorien zuordnen: Erwachsene Kinder aus gestörten Familienverhältnissen oder Alkoholikerfamilien; Opfer von Inzest, Gewalt oder Katastrophen in Zusammenhang mit dem Krieg; Menschen, die durch den Beruf des Vaters im Staatsdienst o.ä. mit ihren Familien häufig umziehen mußten, als sie noch Kinder waren; jeder, der ein Haustier verloren hat oder dessen Auto bei einem Unfall zu Schrott gefahren wurde; ja selbst diejenigen, deren Eltern ihr Lieblingsspielzeug, Stofftiere usw. ohne ihre ausdrückliche Zustimmung oder Mitentscheidung wegwarfen – sie alle haben sich mit einem Problem auseinanderzusetzen, das ihnen Kummer und Schmerz bereitet, und werden zu einer klaren Einstellung gegenüber ihrem Verlust gelangen wollen.

Wenn Sie verwitwet sind, einen geliebten Menschen, einen Freund oder ein Haustier verloren haben, und auch, wenn dadurch eine größere Veränderung in Ihrem Leben eingetreten ist, daß Sie einen Arbeitsplatz verloren bzw. einen neuen gefunden haben oder daß Sie umgezogen sind, werden die Rituale dieses Buches Ihnen dabei helfen, sich in Ihrem Leben mit den Gefühlen auseinanderzusetzen, die durch solche Ereignisse wachgerufen werden. Sie sind überhaupt für jeden bestimmt, der irgendeine Art von Verlust durchgemacht hat. Wir haben kaum eine andere Wahl, als uns mit Schmerz und Trauer konfrontiert zu sehen, wie auch immer unser Leben verläuft.

Wenn wir die Lebenserfahrung besitzen, dies mit Anmut und Würde zu tun, werden wir glücklicher sein.

Jedes wirkliche Leben ist Begegnung.
Begegnung findet nicht in Zeit und Raum statt,
sondern Raum und Zeit in Begegnung.
Martin Buber

Krieg – eine schmerzliche Erfahrung für jeden

Es sind keine großen Verbesserungen im Los der Menschheit möglich, bevor nicht eine große Veränderung in ihrer Denkweise stattfindet. John Stuart Mill

Niemand auf unserem Planeten kann sich dem Schmerz des Krieges entziehen. Er trifft uns alle – ob wir dies eingestehen oder nicht. Worte können nicht einmal im Ansatz das Ausmaß meiner eigenen Verzweiflung und meines tiefen Schmerzes über das Leiden von Kriegsteilnehmern – und ihrer Opfer beschreiben. Dadurch ausgelöste Rückblenden und posttraumatische Störungen können bei den Betroffenen für den Rest des Lebens andauern und sich auch auf die übrigen Familienmitglieder übertragen. Ich kann nur großes Mitgefühl mit denjenigen empfinden, die Zeuge von Ereignissen wurden oder selbst Dinge tun mußten, die bei ihnen und den ihnen im Leben nahestehenden Menschen tiefe Narben hinterließen.

Wenn Sie glauben, selbst keine Probleme mit Schmerz und Trauer zu haben, dann denken Sie noch einmal nach. My Lai oder Bergen-Belsen oder der Verwüstung von Mensch und Natur durch die Verbindung von Militär und Industrie kann sich keiner von uns entziehen. Es gibt so vieles, was für uns schmerzlich sein kann, und noch viel mehr, was wir mit unserem Schmerz tun können, als wir annehmen.

Stadien von Trauer und Schmerz

Vorstellungskraft ist wichtiger
als Wissen.   **Albert Einstein**

Jeder kennt Trauer und Schmerz. Wenn wir uns mit einem solchen Problem auseinandersetzen müssen, haben wir, nach Elisabeth Kübler-Ross, im allgemeinen vier Stadien durchzumachen. In der ersten Phase leugnen wir das Geschehen; als zweites versuchen wir mit allen Mitteln, die Situation zu verändern; als nächstes werden wir sehr wütend, traurig oder verstört; und schließlich finden wir uns mit dem Geschehen ab und erfahren das Gefühl von Versöhnung und Dankbarkeit.

Schmerz zu empfinden und zu trauern ist ein notwendiger und wichtiger Vorgang, der jedem von uns im ganzen Leben immer wieder begegnen wird. Wenn wir Verantwortung übernehmen und uns unseren Gefühlen stellen, werden wir die Sache nicht weiter mit uns herumschleppen und uns damit der Fähigkeit zur Freude verschließen.

Auf meinem Weg durchs Leben erfahre ich viele Verluste. Dies entspricht der Natur des Daseins auf unserem Planeten. Manchmal ist der Verlust klein, und ein anderes Mal kann er sehr groß sein. Bisweilen ist der Verlust nur eine Illusion, die ich viele Jahre hochgehalten habe. Was auch immer ich verloren habe (oder aufgeben mußte), ich muß darüber Schmerz und Kummer empfinden. Ich muß mir selbst und der Person oder den Ereignissen vergeben, durch die mir ein Verlust widerfahren ist. Es ist unumgänglich, daß ich die Verantwortung für die Auswirkungen übernehme, die der Verlust auf mein Leben gehabt hat, und daß ich mir die Zeit dafür nehme, mich tagtäglich mit den Empfindungen auseinanderzusetzen, die als Folge des Verlustes entstehen. Dies muß ich so lange tun, bis ich völlig frei bin von den oft weit zurückliegenden Gefühlen und der ganzen unerledigten Geschichte mit der Person oder Begebenheit, die mich beunruhigt.

Ich sage »muß«, weil ich entdeckt habe, daß dies eine der Notwendigkeiten im Leben ist. Wenn ich meinen Schmerz über die alten Verwundungen und Kränkungen nicht verarbeite, dann wird dies dazu führen, wenn ich hier und jetzt mit einem leidvollen Erlebnis konfrontiert bin, daß ich zusammen mit der gegenwärtigen Erfahrung jene ganze alte Energie aus der Tiefe hervorholen muß.

Als meine Mutter starb, war ich gleichzeitig überrascht und erfreut, als ich feststellte, daß mein Schmerz um sie ziemlich leicht zu tragen war, weil ich einige Jahre vor ihrem Tod meine »Trauerarbeit« bereits angesichts unserer gemeinsamen Schwierigkeiten in der Zeit meines Erwachsenwerdens geleistet hatte. Ihr Tod rief einen klaren, reinen und momentanen Schmerz in mir hervor. Dies war auch wichtig für mich, denn wenn, wie in diesem Falle, ein größerer Verlust in meinem Leben eintrat, waren weniger Streßfaktoren in meiner Psyche verborgen, die seelischen Schmerz auslösen konnten. Außerdem war auch die Wahrscheinlichkeit geringer, daß die Zeit des tatsächlichen Schmerzes und Verlustes von psychosomatischen Störungen begleitet war.

Weil der Weise es stets vorzieht,
Schwierigkeiten direkt gegenüberzutreten,
hängt er niemals an ihrer Erfahrung fest.
Lao Tse

Hören Sie jetzt auf zu lesen, und schreiben Sie so viele Ihrer eigenen Erfahrungen mit Schmerz und Verlust nieder, wie Ihnen im Augenblick in den Sinn kommen.

Verlust

*In jedem von uns liegt die Macht
unserer Zustimmung zu Gesundheit und Krankheit,
zu Reichtum und Armut, zu Freiheit und Versklavung.
Wir selbst haben die Herrschaft darüber,
und kein anderer.*   **Richard Bach**

Wir alle sind das Ergebnis unseres Erwachsenwerdens, und wir alle tragen als Teilstück noch das Kind in uns, das sich weiterhin so nachdrücklich wahrnimmt wie wir, als wir in jenem Alter waren. Diejenigen von uns, die das Innere Kind verleugnen, werden vielleicht mit psychosomatischen Störungen oder posttraumatischen Symptomen zu rechnen haben, da unser Körper und unsere Seele versuchen, sich unbewußt anstatt offen mit der Streßbelastung durch den unausgesprochenen Kummer auseinanderzusetzen.

Streßbedingte posttraumatische Störungen treten besonders dann auf, wenn Menschen ein größeres Unglück oder eine Katastrophe, wie Krieg, Feuer, Orkan oder Schiffbruch, erlebt haben. Jedesmal, wenn ich dann meine Gefühle verleugne, wird mein Körper in Form von alten Gefühlszuständen reagieren, und wenn genügend von diesen zusammenkommen, wird irgendein Körperteil eine Überreaktion zeigen. Dies wird sich in einem Organ als »Zielscheibe« äußern, und dann werde ich Magenschmerzen, Dickdarmkatarrh, Hautkrankheiten und eine Vielzahl von Störungen haben, deren psychologische Grundursache heute bekannt ist.

Einige Menschen werden übermäßig reagieren und aus irgendeinem geringfügigen Vorfall in ihrem Leben viel Aufhebens machen.

An dieser Stelle könnten Sie die körperlichen Probleme auflisten, die Sie augenblicklich in Ihrem Leben haben.

Das Leugnen – selbst nicht betroffen sein?

Unsere abendländische Kultur hat eine Tugend daraus
gemacht, daß wir nur ein extrovertiertes Leben führen.
Zu der inneren Reise, der Suche nach einer Mitte
haben wir nicht ermutigt, so daß wir unsere eigene
Mitte verloren haben und sie wiederfinden müssen.

Anais Nin

Nun, Sie könnten jetzt erklären, daß Sie niemandem etwas zu verzeihen haben oder daß Sie ganz sicher sind, kein Problem mit Schmerz und Trauer zu haben. Vielleicht sind Sie wirklich ein derart glücklicher Mensch! Allerdings bin ich nie jemandem begegnet, der nicht in irgendeiner Form ein Problem damit hatte – und, sollte so jemand existieren, wie unmenschlich, ja sogar bedauerlich wäre das für ihn!

Es ist ganz entscheidend, daß wir bewußt die allgemeingültige Notwendigkeit eingestehen, Schmerz empfinden und trauern zu können. Dies bedeutet nicht nur die Reaktion von Trauer um Menschen in meinem Leben, die gestorben sind, sondern schließt jede Person, jeden Gegenstand, alle Vorkommnisse ein, die ich mit einem Gefüühl von Unvollkommenheit hinter mir zurückgelassen habe. Bei dem Verlust kann es sich um ein Haustier oder einen besonders geschätzten Gegenstand, eine größere Veränderung im Leben oder in der Liebe, eine neue berufliche Anstellung usw. gehandelt haben. Selbst wenn ich diese Arbeit nicht gemocht habe, muß der Schmerz darüber zum Ausdruck gebracht werden! Es ist wirklich wichtig für mich, mit sämtlichen Wechselbeziehungen in meinem Leben vollständig abzuschließen. Es ist wichtig, vollkommen im reinen zu sein mit jeder negativen oder unbequemen Begebenheit, Situation oder Person, der ich jemals begegnet bin – und ungeachtet dessen, wie lange dies zurückliegt.

In die Vergangenheit zurückgehen

In jedem Augenblick kann sich das Herz öffnen.
In jedem Augenblick kann die karmische Struktur
durch die Bereitschaft der Seele völlig
überwunden werden.   Emanuel

Ach du liebe Zeit, so weit kann ich doch nicht in die Vergangenheit zurückgehen ... Doch, ich kann es! Und wenn ich es nicht tue, werde ich feststellen, daß der alte Schmerz in mancher Hinsicht an mir zerren und Probleme für mich hervorrufen wird, wenn mein Körper älter und weniger elastisch sein wird.

Es gibt keinen Zweifel, daß Herzleiden, Arteriosklerose und viele andere Störungen in einem direkten Bezug zu den unerledigten Angelegenheiten in unserem Leben stehen. Norman Cousins hat erklärt, heute gebe es genügend Beweise dafür, daß gewebeschädigende Chemikalien, sogenannte Katecholamine (wie Adrenalin), in den Herzmuskel ausgeschüttet werden, wenn wir übermäßig unter Streß stehen. Wenn der Körper älter wird, sind unerfreuliche und unwillkommene »Flashbacks«, Rückblenden in die Vergangenheit, offensichtlich mit einem immer größeren Risiko verbunden.

Plötzliche Rückblenden

*Setze dich wie ein kleines Kind vor der Wirklichkeit
nieder und sei dazu bereit, jede vorgefaßte Meinung
aufzugeben. Folge demütig dem Weg, wohin auch immer
und zu welchem Abgrund auch immer die Natur dich führt,
sonst wirst du nichts lernen.* **T. H. Huxley**

Eine andere wichtige Motivation für die Trauerarbeit ist der Umgang mit plötzlichen Rückblenden in vergangene Ereignisse. Diese Flashbacks sind unerwartet und werden häufig durch ein aktuelles Geschehen, einen Geruch, einen Klang oder eine Szene in der Gegenwart ausgelöst, die mich an den alten Vorfall erinnert.

Wenn ich nicht an meinem Schmerz arbeite, bin ich diesen unerfreulichen, ungelegenen und häufig unangenehmen Erfahrungen stärker ausgesetzt. Ich muß mir daher die Zeit nehmen, mir das vergangene Erlebnis ins Gedächtnis zurückzurufen und es loszulassen. Das achtsame und übergenaue Durchleben im Trauerprozeß wird zu einer Form von vorbeugender Medizin. Es tut mir gar nicht gut, weiterhin den Einfluß dieser vergangenen Ereignisse zu verleugnen, wenn ich ein langes und gesundes Leben führen möchte.

Sich Zeit nehmen für den Schmerz

Wer singen will, findet immer ein Lied.
Schwedisches Sprichwort

Das gründliche Durchleben im Trauerprozeß ist eine
Form von vorbeugender Medizin. Es tut mir gut, mich
mit dem Einfluß jener vergangenen Ereignisse auseinanderzusetzen. Ich möchte ein langes und gesundes
Leben führen. Wieviel besser ist es doch, mir jetzt die
Zeit zu nehmen, wenn ich die Energie und Lebenskraft
habe, einiges von der Suppe, die ich mir selbst einge-
brockt habe, wieder auszulöffeln.

Jede Zeit, die ich damit verbracht habe, an mir selbst
zu arbeiten und mich von dem alten Schmerz zu
befreien, hat mir in den Jahren seitdem mehr Zeit gege-
ben, mein Leben voll und ganz genießen zu können.
Jedesmal, wenn ich einen alten Schmerz loslassen
konnte, habe ich mehr Freude in meinem Leben emp-
funden. Ich habe gelernt, wenn ich mich nicht mit dem
Problem von Trauer und Schmerz beschäftige, daß es
dann meinen ganzen Tag mit seinen Wolken überschat-
tet und sich sogar in meine Träume einschleicht. Wenn
ich mich mit diesen Fragen auseinandersetze, erfahre
ich mich als frei bis zum nächsten Zeiteinschnitt, der
diesem Prozeß vorbehalten ist.

Spirituelles Wachstum

Gott ist zu Hause. Wir sind es,
die draußen einen Spaziergang machen.
Meister Eckehart

Es gibt einen weiteren, sogar noch tiefergehenden Grund für mich, mit meinem Leugnen aufzuhören und den Prozeß der Trauerarbeit fortzusetzen. Dies ist eine Frage des spirituellen Wachstums.

Jeder unerledigte Schmerz stellt eine Fessel an den Bereich dieser Erde und an diesen Körper dar. Jede Anstrengung, sich zu den höheren Ebenen des Geistes weiterzubewegen, kann so lange gehemmt werden, wie ich mit altem Kummer belastet bin. Ich muß mir selbst und all jenen vergeben, mit denen ich im Laufe der Jahre verstrickt gewesen bin, damit ich davon frei werden kann.

Wenn ich meinen alten Schmerz überwunden habe, werde ich tief in meinem Körper Vergebung spüren und auch eine große Dankbarkeit gegenüber der Person empfinden, der ich vergeben habe. Wenn dies eintritt, werde ich das Licht in mir spüren, und mit diesem Licht kann ich auf meinem Weg weitergehen.

Die Bedeutung von bewußten Ritualen

Rituale sind selbst nicht der Weg.
Sie erinnern daran, daß es einen Weg gibt.
Emanuel

Rituale sind vorsätzlich entworfene, mit dem Körper oder im Geist vorgenommene Handlungen, die dafür genutzt werden, unsere Wahrnehmung von Realität zu verändern. Häufig beginne ich ein Ritual auszuführen, noch ehe ich mir der darin enthaltenen Bedeutung bewußt bin. Jedes Ritual, das für den daran Teilnehmenden tief und bedeutungsvoll ist, wird zu einer Umwandlung der Persönlichkeit führen und das Gefühl von Magie geben. Rituale helfen mir dabei, Energieströme zu erkennen und einzusetzen – denken Sie daran, daß Gefühle Energie sind.

Ein Ritual kann so einfach sein, wie eine Kerze anzuzünden, Blumen in eine Vase zu stellen oder einen bestimmten Gedanken zu haben. Im Ritual erschaffen Sie ein kleines Geschehen, in dem sich größere Geschehnisse in Ihrem Leben widerspiegeln. Durch ein Trauerritual wird es Ihnen möglich, Energie in Bewegung zu bringen und eine Transformation Ihrer Beziehung zu dem zu erleben, was Sie verloren haben.

Alle Rituale umfassen eine vorbereitende Phase, eine Erfahrungsphase und eine vollendende oder abschließende Phase. Jede Phase hat ihre eigene Symbolik und

Bedeutung, die für sie selbst, die folgenden Schritte und das gewünschte Ergebnis wichtig sind.

Vorschlag: An dieser Stelle könnten Sie die weiteren Seiten dieses Buches durchblättern, bis etwas Ihre Aufmerksamkeit auf sich zieht. Verwenden Sie fünf Minuten auf dieses Ritual.

Unsere kleinen Alltagsrituale, wie dem Busfahrer »guten Morgen« zu wünschen oder dem Lokomotivführer im Vorbeifahren zuzuwinken, führen wir täglich aus, ohne darüber nachzudenken. Echte Rituale sind dagegen bewußte Prozesse, über die wir nachgedacht haben und in denen die sich wiederholende Natur der Prozesse, die wir durchmachen, auf einer tiefen psychologischen Ebene für uns versinnbildlicht wird.

Rituale sind für uns in der Art und Weise wirksam, daß wir Energie in vielfältiger Form nutzbar machen. Sie helfen uns dabei, Aspekte unseres Lebens abzuklären, die uns vielleicht noch nicht klar sind. Wenn wir ein Ritual erschaffen, stellen wir entweder in der Vorstellung oder tatsächlich den Mikrokosmos dessen dar, was wir uns im Makrokosmos wünschen. Es ist hilfreich, die kritische Urteilskraft zurückzustellen, wenn wir unsere Rituale ausführen, da wir unsere gesamte Aufmerksamkeit dem rituellen Prozeß und seinen genauen Aspekten widmen müssen. Eine einfache Sache, wie eine Kerze anzuzünden, einen Strauch zu pflanzen oder die Zähne zu bürsten, kann zu einem bewußten Ritual werden, das uns darin unterstützt, die in unserer Psyche festgehaltene Energie freizusetzen und uns ein Gefühl des Friedens mit dem zu geben, was uns vor dem Ritual noch Schmerz bereitet hat. Rituale helfen uns dabei, im Gleichgewicht und voller Achtung unseren Weg zu gehen.

Wenn Sie sich über Sinn und Zweck des Rituals klargeworden sind, führen Sie die vorbereitenden Schritte aus:
- Sammeln Sie die Materialien für das Ritual.
- Bereiten Sie sich innerlich darauf vor (durch Meditation, Fasten oder irgendeine Form der Reinigung).
- Führen Sie nun das Ritual selbst aus. Sie können dabei so kunstvoll oder so einfach vorgehen, wie Sie möchten. Wenn die einzelnen Elemente auf eine tiefgreifende energetische Art und Weise für Sie bedeutungsvoll sind, wird das Ritual seinen Zweck erfüllen.

Segnen Sie sich nun selbst auf die folgende Art und Weise:

Holen Sie eine Kerze, eine Wasserschale und etwas Salbei oder Räucherwerk. Setzen Sie sich ruhig hin, zünden Sie die Kerze an, und lassen Sie jegliche Spannung von Ihrem Körper abgleiten.

Halten Sie Ihre Finger in das Wasser und berühren Sie damit Ihre Stirn, wobei Sie laut sagen: »Segne mein Verständnis, damit ich voll und ganz hier sein kann.«

Berühren Sie als nächstes Ihre Augen mit dem Wasser, und sagen Sie dabei: »Segne meine Sicht, damit ich in Klarheit sehen kann.«

Berühren Sie dann Ihren Mund mit dem Wasser, und sagen Sie: »Segne meinen Mund, damit ich in Wahrheit sprechen kann.«

Setzen Sie dies mit Ihren Ohren, Ihrem Kopf, Ihrem Herz und anderen Teilen Ihres Körpers oder Ihres Bewußtseins fort.

Denken Sie einen Augenblick darüber nach, was Sie gerade getan haben. Blasen Sie die Kerze aus, leeren Sie das Wasser aus der Schale und reinigen Sie diese. Spüren Sie die Vollendung dieses Rituals, Segen für sich zu erbitten.

Ich wünsche mir, daß Folgendes geschieht:
daß unsere Mutter Erde viermal ganz von gemahlenem Korn
umhüllt sei;
daß Eisblumen sie völlig bedecken;
daß die Bergfichten, weit entfernt dort drüben, in der Kälte
nahe beieinander stehen mögen;
daß unter dem Gewicht des Schnees einige Äste brechen.
Damit dieses Land so sein kann,
habe ich meine Gebetsstöcke lebendig werden lassen.
Zuni

Der Umgang mit Rachegefühlen

Dein Leben ist nicht dein Gebieter.
Es ist dein Kind.   **Emanuel**

Für meine Klienten habe ich ein Informationsblatt
erstellt, das Anleitungen für den Umgang mit Schwerz
und Trauer enthält. Wenn Sie dazu bereit sind, diese
Anleitungen zu befolgen, dann werden Sie als Bestandteil Ihres Trauerprozesses einen Heilungsvertrag abschließen.

Ein solcher Vertrag ist eine Vereinbarung, die Sie mit
sich selbst treffen und die ein Verhalten Ihrerseits fest-
legt, zum Beispiel: »Ich werde mir jeden Tag die Zähne
putzen.« Etwas beschönigend wird dies manchmal als
»vertragliche Befreiung von ... « bezeichnet. Dies gibt
Ihrem Inneren Kind ein Gefühl von Macht, da eine der
größten Blockierungen bei dem Trauernden in seinem
Bedürfnis nach »Revanche« gegenüber der verlorenen
Person besteht, um die er trauert. Bevor Sie sich nicht
mit dem Gefühl von Empörung und dem Wunsch,
»quitt zu sein«, auseinandergesetzt haben, ist es
unmöglich, der anderen Person oder den Umständen
oder letztlich sogar sich selbst zu vergeben.

Das Tabu gegenüber dieser »Vergeltungsarbeit«
behindert daher häufig unsere Fähigkeit, uns mit der
ganzen Bandbreite von Emotionen beschäftigen zu

können, die zu einem vollständigen und richtigen Trauerprozeß dazugehören. Denn »Rache nehmen« oder »Vergeltung üben« gehört zu den Tabus in unserer Kultur und unterliegt abergläubischem Denken.

Das Tabu hat mit der Absicht zu tun: Wenn Ihre Absicht darin besteht, die Verstimmung beizulegen, dann ist der Umgang mit Rachegefühlen angemessen; wenn sich Ihre Absicht letztlich auf Zerstörung richtet, dann ist sie nicht angemessen.

Ein weiterer Grund dafür, daß Sie vielleicht unfähig zu Ihrer Trauerarbeit sind, ist die irrige Vorstellung, daß Sie die Person, gegen die Sie einen Groll hegen, schützen müssen. Sie mögen, wie viele Menschen, annehmen, daß das Objekt Ihrer Rachsucht Ihren Gefühlen nicht standhalten könnte, selbst wenn der Betreffende überhaupt nicht präsent oder vielleicht sogar schon tot ist. Diese Vorstellung ist ein weiterer Aberglaube.

Denken Sie einmal über die Vorstellungen nach, die Sie haben, und schreiben Sie diejenigen auf, die Ihnen nichts bringen.

> *Jeder hält die Grenzen seiner eigenen Sicht*
> *für die Grenzen der Welt.*
> **Arthur Schopenhauer**

Anhaftung und zerbrochene Bindungen

Wer an Dingen haftet, wird viel leiden.
Wer viel hortet, wird schweren Verlust erfahren.
Ein genügsamer Mensch ist niemals enttäuscht.
Wer weiß, wann innezuhalten ist,
  gerät nicht in Bedrängnis.
Er wird allzeit sicher sein.   **Lao Tse**

Der Trauerprozeß beruht auf der Theorie von Anhaftung und Bindung (»Bonding«). Gleichgültig, ob nun eine volle Verbindung zu einem Objekt oder einer Person eingegangen wurde oder ob es mißlungen ist, sich zu binden, immer wird ein Gefühl von Verlust und eine Reaktion auf diesen Verlust eintreten. Ich habe herausgefunden, daß es drei Möglichkeiten gibt, mit meiner Reaktion auf Verlust umzugehen:

1. Ich kann den Verlust ignorieren (verleugnen) und so weitermachen, als sei nichts geschehen. Viele Menschen, die sich so verhalten, werden den psychomatischen Preis für ihre Wahl zu zahlen haben und später immer mehr unter körperlichen Problemen leiden. Häufig sind diese körperlichen Probleme selbst Fachleuten ein Rätsel, und um so mehr noch den westlichen Medizinern, die zu Rate gezogen werden. Sich gesund zu ernähren und in einem gesunden Umfeld zu leben gehört zu den vorbeugenden Maßnahmen, und heilsame innere, psychologische Lebensbedingungen sind der andere Teil, der nicht vernachlässigt werden darf.

2. Ich kann in dem Zyklus von Verlust steckenbleiben und die Vergangenheit ständig in dem wiederho-

len, was als Rückblenden, die Szenen des eigenen Drehbuchs oder »Skripts«, ja sogar als karmische Schulden bezeichnet wird. Die wiederholt vorkommenden Szenen werden zu vertrauten Mustern in unserem Leben; sie kehren regelmäßig wieder und rufen wohlbekannten und unerwünschten Schmerz und Verunsicherung hervor. Ich nenne dies »Geschenke vom Universum« – so als würde das Universum mir sagen, daß es hier eine Gelegenheit für mich gibt, mein Drehbuch zu betrachten und aus dem stets wiederkehrenden Muster zu lernen, anstatt damit fortzufahren, den Schmerz zu verleugnen, den es für mich darstellt.

3. Ich kann mich auch dafür entscheiden, den Verlust aufzulösen und umzuwandeln und dadurch einen neuen Sinn in meiner Beziehung zu der Person, dem Objekt oder der Situation finden, an die ich gebunden war.

Der Prozeß der Trauerarbeit kann, wie in der folgenden Übersicht dargestellt, aussehen:

Anhaftung und Bindung

↓

Bruch

↓

Verlust

↓

Reaktion

Ignorieren und so weitermachen, als sei nichts geschehen (psychosomatische Folgen)	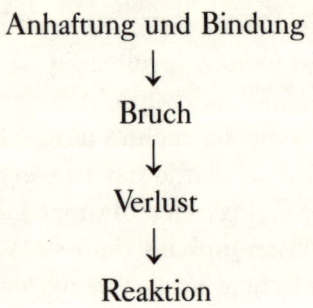	Drehbuch-Szenen die Vergangenheit immer wieder spielen und im gleichen Muster steckenbleiben

den Verlust auflösen
und umwandeln durch

↓

Denken und Fühlen
Verarbeitung und
Auseinandersetzung

↓

zu einem neuen Lebenssinn

Den Verlust auflösen und umwandeln

*Die besten und schönsten Dinge auf der Welt
können nicht gesehen oder auch nur berührt werden.
Sie müssen mit dem Herzen erfühlt werden.*
Helen Keller

Wenn Sie dazu bereit sind, sich diesem Prozeß mit dem Endziel zu widmen, zu einem neuen Verständnis Ihrer Beziehung zu der Person, dem Objekt oder der Situation zu gelangen, um die Sie trauern, werden Sie garantiert Erfolg damit haben. Im Laufe der Jahre habe ich diese Methode selbst angewendet und sie unzähligen Menschen weitergegeben, welche die Auflösung erreichten, die sie in ihren Beziehungen suchten.

Wenn Sie sich daher wirklich, hundertprozentig dazu verpflichtet fühlen, sich mit Ihrem Kummer und Groll auseinanderzusetzen und sich von Ihrem Schmerz und Unbehagen zu befreien, die das ungelöste Leid in Ihnen verursacht – dann gehen Sie an die Arbeit!

Setzen Sie als erstes Ihren Vertrag auf: »Ich willige ein, mindestens fünfzehn Minuten und nicht länger als eine Stunde täglich auf meine Rituale für die Trauerarbeit zu verwenden.«

Wenn Sie diese Verpflichtung eingehen, können Sie Ihre Gefühle in dem Wissen »ausklammern«, daß Sie sich zu gegebener Zeit mit ihnen befassen werden. Für diejenigen, die ganz frisch in einem solchen Trauerprozeß stecken, wird dies vielleicht nicht möglich sein.

Wenn Sie das Ritual mehr als ein- oder zweimal pro Tag wiederholen, werden Sie diesen Prozeß beschleunigen, aber es ist auch in Ordnung, wenn Sie warten, bis Sie nicht mehr so überwältigt davon sind.

Eine Alternative für das Leugnen

*Ein Edelstein wird nicht ohne Reibung geschliffen,
und auch ein Mensch ist ohne Prüfungen nicht realisiert.*
chinesisches Sprichwort

Für diejenigen unter Ihnen, die leugnen, an Schmerz und Trauer arbeiten zu müssen, schlage ich die folgende kurze Übung vor, die auch für jeden anderen eine nützliche Methode darstellt:

Setzen Sie sich bequem an einen Ort, wo Sie nicht gestört oder abgelenkt werden. Machen Sie ein paar tiefe Atemzüge, und atmen Sie langsam wieder aus, wobei Sie Ihren Körper entspannen. Visualisieren Sie nun, daß sich vor Ihnen eine Bühne befindet; sie kann sehr klein oder auch sehr groß, wie in einem Opernhaus, sein. Stellen Sie sich vor, daß alle Menschen (und auch Haustiere und Stofftiere), die im Laufe Ihres Lebens von einiger Bedeutung für Sie gewesen sind, sich auf der linken Seite der Bühne befinden.

Bringen Sie dann auf der rechten Seite der Bühne alle Personen zusammen, denen Sie bisher in Ihrem Leben vergeben haben. Während Sie jeden einzelnen von der linken Seite dorthin führen, sagen Sie »Ich vergebe dir« und »Ich vergebe mir selbst« zu ihm. Wenn die Vergebung tief aus Ihrem Innern kommt und mit Ihrem ganzen Wesen übereinstimmt, lassen Sie diese Person auf der rechten Seite der Bühne.

Setzen Sie dies mit jeder Person fort, die sich noch auf der linken Seite befindet, bis Sie Ihre Beziehung zu jedem überprüft und jedem einzelnen vergeben haben. Wenn Sie diesen Prozeß in sich völlig abgeschlossen haben, sollte keine einzige Seele mehr auf der linken Seite der Bühne zurückgeblieben sein. Sollte dies doch der Fall sein, dann müssen Sie mit der betreffenden Person noch weitere »Trauerarbeit« machen. Geben Sie nicht auf, wenn Sie feststellen, daß sich noch eine große Anzahl von Menschen auf der linken Seite befindet.

Wenn Sie systematisch und planvoll an diesen Prozeß herangehen und die Trauerarbeit, wie weiter unten dargestellt, fortsetzen, werden Sie eines Tages Ihre Bühne auf der linken Seite leer vorfinden. Erstellen Sie eine Liste der Personen, die sich immer noch auf der linken Seite Ihrer Bühne befinden. Greifen Sie sich eine davon oder ein bestimmtes Ereignis heraus und konzentrieren Sie sich in den nächsten Tagen oder Wochen darauf.

> *Höre nun mit deinen Worten auf.*
> *Öffne das Fenster inmitten deiner Brust:*
> *Laß die Geister ein- und ausfliegen.*
> **Rumi**

Rituale für die Trauerarbeit

Als erstes wähle man sich einen heiligen Ort,
an dem man lebt.   Tahirasawichi

Lesen Sie diesen Abschnitt und die beiden nächsten
Kapitel, »Gefühle sind Energie« und »Gefahrlose
Möglichkeiten zum Ausagieren von Gefühlen«, bevor
Sie mit diesem Abschnitt praktisch zu arbeiten begin-
nen.

Schließen Sie als erstes einen Vertrag mit sich selbst
oder mit einem Freund ab, täglich »Trauerarbeit« zu leisten – fünfzehn Minuten bis zu einer Stunde pro Tag
für die Dauer von zwei bis drei Wochen oder länger. Ich
schlage Ihnen vor, eine zeitlich begrenzte Verpflichtung
einzugehen, so daß sich der Schmerz nicht auf Ihre
gesamten anderen Verpflichtungen ausweitet. Sie sollten über diesen Prozeß nicht nachdenken und sich
davon beherrschen lassen. Es ist wichtig, Ihre Gefühle
»auszuklammern«, damit Sie nicht von ihnen besessen
sind. Trennen Sie dies fein säuberlich, und beschäftigen Sie sich möglichst nur in der festgesetzten Zeit
damit.

Der Transformationsprozeß, wie befremdlich er auch zuerst erscheinen mag, fühlt sich schon bald unwiderruflich richtig an. Wie die anfänglichen Bedenken auch immer aussehen mögen, es gibt keinen Zweifel mehr über unsere Verpflichtung, sobald wir einmal auf etwas gestoßen sind, was wir für immer verloren glaubten – unseren Weg nach Hause. **Marilyn Ferguson**

Setzen Sie sich an einen ruhigen Ort, und führen Sie jedesmal, wenn Sie damit arbeiten, eines der folgenden Rituale aus:

Stellen Sie Listen von Gefühlen zusammen, die Sie wütend, traurig, erschrocken oder froh machen.

Beispiel: Ich bin wütend, weil du mich verlassen hast.

Ich bin wütend, daß ich allein bin.

Ich bin wütend, daß ich dies nicht unter Kontrolle habe.

Schreiben Sie Briefe, die Sie nicht absenden, in Ihr Tagebuch, in denen Sie alles aus sich herauslassen. Richten Sie jeden Brief an die Person, die hauptsächlich an der schmerzlichen Erfahrung beteiligt ist. Verfassen Sie beispielsweise »Briefe mit der Giftfeder«, »Gedanken über Voodoo-Zauber«, »Leidensgeschichten« mit dem Tenor »Ach, ich Arme(r)«. Schreiben Sie auch Liebesbriefe, in die Sie Ihre Liebe für den verlorenen Menschen hineinfließen lassen. Mit dieser Methode, beides zu tun, erkennen Sie den Teil in sich an, der vielleicht rachsüchtige oder liebevolle Gedanken hat. Es ist gut, diesem eine Ausdrucksmöglichkeit zu geben und sich selbst eingestehen zu lassen, wie Ihnen – Ihrer Ansicht nach – »Unrecht geschehen« ist.

Schaffen Sie sich diese Last von der Seele! Die Arbeit an Rachegefühlen ist sehr wichtig und muß auf systematische Art und Weise getan werden. Für diejenigen von Ihnen, die sich Sorgen darüber machen, daß Ihre Gedanken (wie bei Voodoo-Zauber oder Schwarzer Magie) Realitäten schaffen, kann ich aus meiner eigenen Erfahrung sagen, daß das Objekt Ihrer zornigen Gedanken wissen sollte, was Sie tun, und an dem Prozeß mitwirken sollte, damit es davon beeinflußt werden kann.

Dieser rachsüchtige Teil in Ihnen verfolgt die Absicht, Erleichterung von dem Schmerz des Verlustes zu gewinnen. Die Absicht hat viel damit zu tun, wieweit wir mit unserem Handeln Erfolg haben. Ich habe niemals gehört, daß irgend jemand daraus Schaden entstanden ist – nur großer Nutzen, große Erleichterung, große Freude und eine wunderbare Versöhnung und Heilung. Denken Sie daran, daß die tiefere Absicht des Rituals in der Trauerarbeit (wie schädlich es sich auch immer anfühlen mag) die Auflösung und Befreiung von angestauter Negativität ist.

Wer Recht ohne Unrecht,
Ordnung ohne Unordnung haben will,
versteht nicht die Prinzipien
von Himmel und Erde.
Er weiß nicht, wie die Dinge
zusammenhängen.   **Chuang Tse**

Das folgende traditionelle Heilungsritual könnte für Sie nützlich sein:

In der indianischen Kultur Nordamerikas gibt es eine Überlieferung, die dazu anregt, wenn Sie sich mit einer schmerzlichen Angelegenheit auseinanderzusetzen zu haben, in den Wald oder an einen Ort zu gehen, wo Sie ungestört sind, und dort in der Nähe eines Baumes oder Strauches ein Loch in die Erde zu graben. Lassen Sie all Ihre Gefühle in dieses Loch fließen. Wenn Sie wirklich davon überzeugt sind, daß Sie Ihren Geist von allem Unrat geleert haben, decken Sie das Loch wieder zu. Danken Sie dem Baum oder Strauch dafür, zugehört zu haben und Zeuge Ihrer Trauerarbeit geworden zu sein, und danken Sie Mutter Erde dafür, Ihren Schmerz aufgenommen zu haben. Gehen Sie dann wieder Ihrer Arbeit nach; Sie werden sich mit sich selbst wohler und mit dem Universum enger verbunden fühlen.

Arbeiten Sie als nächstes mit Affirmationen. Die Anwendung dieser bejahenden und Sie dadurch bestärkenden Formeln hat sich als eine sehr wirksame Methode dafür erwiesen, eine Veränderung auf der innerseelischen Ebene herbeizuführen. Der Affirmationsprozeß ist dadurch gekennzeichnet, daß er, wenn die Affirmation mit einem tiefen inneren Ziel übereinstimmt, Erfolg haben wird. Ich schlage vor, daß Sie in der folgenden Weise vorgehen, um die besten Ergebnisse zu erreichen:

– Nehmen Sie ein Blatt Papier und schreiben Sie die Affirmation auf der linken Seite 50mal auf.

- Schreiben Sie auf der rechten Seite des Blattes alle Punkte einer (inneren) Negativbilanz nieder, die Ihnen in den Sinn kommen. Schreiben Sie wirklich alle Vorbehalte auf.
- Setzen Sie dies so lange fort, bis das »negative Selbstgespräch« aufhört.
- Bilden Sie eine neue Affirmation aus der Negativbilanz, die Sie aufgeschrieben haben, und berücksichtigen Sie dabei Ihre sämtlichen Vorbehalte.
- Setzen Sie dies 21 Tage (oder länger) fort.

Beispiel:

Affirmation	**Negativbilanz**
Ich bin begehrt und liebenswert.	Nein, das bin ich nicht!
Ich bin begehrt und liebenswert.	Niemand mag mich!
Ich bin begehrt und liebenswert.	Das ist doch lächerlich.
Ich bin begehrt und liebenswert.	Wer sagt denn das?

Neue Affirmation:
Trotz allem weiß ich, daß ich tatsächlich liebenswert bin.

Ich bin nun ein berühmter Künstler.	Das ist nur Papa!
Ich bin nun ein berühmter Künstler.	Mama würde das nicht wollen.
Ich bin nun ein berühmter Künstler.	Wie könnte das denn sein?

Neue Affirmation:
**Meine Eltern unterstützen mich nun darin,
ein berühmter Künstler zu sein.**

Üben Sie nun Vergebung. Schreiben Sie die beiden folgenden Erklärungen immer wieder auf, bis Sie damit im reinen sind und völlig übereinstimmen:

Ich vergebe _____   wegen _____

Ich vergebe mir selbst wegen _____

Gefühle sind Energie

Gefühle sind derart wichtig, doch viele von uns wollen ihre Gefühle nicht wahrnehmen. Wenn Sie sich gerade in dem Prozeß befinden, die Listen mit Ihren wütenden oder traurigen, Sie erschreckenden oder freudig stimmenden Gefühlen zusammenzustellen, Briefe zu schreiben und mit Affirmationen zu arbeiten, und wenn Sie dabei eine Menge an Energie in Ihrem Körper fühlen, das heißt, wenn Sie sich danach fühlen, zu weinen, zu schreien oder zu rufen, so tun Sie dies!

Achten Sie darauf, daß Sie sich an einem sicheren Ort befinden, wo Sie die in Ihrem Körper angestaute Energie ausagieren können. Tun Sie nichts von alldem in der Öffentlichkeit – andere könnten sich über einen solchen Gefühlsausbruch erschrecken und nicht gut damit umgehen. Es bleiben Ihnen mindestens drei Möglichkeiten: Sie können bei sich zu Hause arbeiten, wo niemand Sie hört; Sie können mit einem Freund arbeiten; oder Sie können mit Ihrem Therapeuten arbeiten. Es ist wichtig, daß jemand Einfühlsames in Ihre Katharsis einbezogen wird – ein Mensch, ein Tier oder auch ein Baum.

Es ist ebenfalls sehr wichtig, die Energie in Ihrem Körper anzuerkennen und sie nicht zu vertuschen. Dies gehört zu den kritischen Punkten, die man gerne abstreitet oder leugnet. Gefühle sind in sehr vielen Familien ein großes Tabu. Einige Familien lassen nur ein einziges Gefühl zu; in anderen Familien ist nur bestimmten Personen eine Gefühlsreaktion erlaubt, und in manchen Familien werden überhaupt keine Gefühle geduldet.

Kasten zur Energieumwandlung
Stellen Sie aus irgendeinem Material und in einer beliebigen Größe und Form einen kastenartigen Behälter her. Verwenden Sie dieses Zauberkästchen, um die Person, das Ereignis oder Ihr Gefühl hineinzustecken, wenn Sie nicht mit Ihrer Trauerarbeit beschäftigt sind. Der Kasten wird einen Teil des Problems, das Sie mit Ihrem Verlust haben, für Sie umwandeln.

Gefahrlose Möglichkeiten zum Ausagieren von Gefühlen

Vertraut dem Leben, meine Freunde.
Wie weit in die Ferne das Leben
euch auch zu führen scheint,
diese Reise ist notwendig.

Emanuel

Probieren Sie eine oder mehrere der folgenden Übungen an einem sicheren Ort aus:

– Zerren Sie alleine, oder zusammen mit einem Freund, an einem Handtuch.

– Schlagen Sie mit Ihren Fäusten oder mit einem Tennisschläger auf ein Kissen oder eine Matratze ein.

– Schreien Sie in ein Kissen hinein, oder tun Sie dies im Wald.

– Bekommen Sie einen Wutanfall auf Ihrem Bett oder auf einer Matratze.

– Machen Sie einen langen Spaziergang oder Dauerlauf, und konzentrieren Sie sich dabei auf die Gefühle bei der Bewegung Ihres Körpers.

– Graben Sie in Ihrem Garten oder im Wald ein Loch in die Erde und lassen Sie Ihre Gefühle in den Boden strömen, wie bereits weiter oben beschrieben wurde.

– Heulen, knurren, wimmern, lachen, weinen, schreien oder kreischen Sie; singen Sie traurige Lieder oder machen Sie irgendeine andere Art von Lärm und Bewegung, die Sie dazu drängen wird,

Ihre Gefühle über den Verlust auszudrücken, den Sie erlitten haben. Das Interessante an diesen Vorgehensweisen ist, daß Ihr Geist, wenn die Gefühle aus tiefster Seele ausgedrückt werden, geklärt wird, um über die Grundprobleme nachdenken zu können, die in Ihrem Schmerz eingeschlossen sind.

– Lachen Sie mindestens einmal am Tag schallend laut, herzhaft und ungezwungen. Lachen braucht keinen Grund. Tun Sie es einfach.

– Tanzen oder malen oder zeichnen Sie Ihre Gefühle. Damit bringen Sie Ihre Gefühle in Bewegung und umgekehrt.

– Hören Sie auf, darunter zu leiden, wie Ihnen Unrecht getan worden ist. Dieses Verhalten ist eine der Methoden, wie Menschen es vermeiden, sich mit ihren Gefühlen zu beschäftigen und die notwendige Gefühlsarbeit zu leisten, um ihren Körper von seinen Beschwerden zu befreien. Manchmal ist es schwer, echte Gefühle von falschen Gefühlen zu unterscheiden.[*]

– Meditieren Sie. Nehmen Sie sich die Zeit, nach innen zu gehen.

– Ahmen Sie irgendein Tier nach, das Ihnen gefällt. Stellen Sie dar, auf welche Weise dieses Tier Wut, Trauer, Furcht oder Freude ausdrückt, das heißt: Fauchen Sie wie eine Katze, knurren Sie wie ein Hund usw.

[*] Wenn Sie ein echtes Gefühl ausdrücken, erleben Sie wirkliche Erleichterung. Ein Gefühl, das Sie sich nur vorgaukeln, läßt Sie dagegen unbefriedigt und unklar zurück, so daß Sie sich häufig noch schlechter als vorher fühlen. Diese alten »vertrauten Gefühle« fungieren als Ersatz für das tatsächliche Gefühl, das eine neurophysiologische Basis hat.

Vorstellungsübung mit einem Luftballon

Schließen Sie die Augen und stellen Sie sich vor, daß Sie an einem schönen, sonnigen Frühlingstag in einem Park sind. Sie laufen umher und erfreuen sich an der milden Brise und dem Sonnenschein, und Sie fühlen sich ganz entspannt. Bei einem fliegenden Händler kaufen Sie einen mit Gas gefüllten Luftballon. Sie können spüren, wie er sanft an Ihrem Handgelenk zieht, wo Sie ihn festgebunden haben.

Bald werden Sie alle unangenehmen Gedanken, Gefühle und Erfahrungen in Ihrem Leben, die Sie aufzugeben bereit sind, in diesen Luftballon packen. Fertigen Sie eine Liste von ihnen an, und stecken Sie diese in den Luftballon. Wenn Sie damit fertig sind, lösen Sie den Ballon langsam von Ihrem Handgelenk und lassen ihn mit der nächsten Brise los. Schauen Sie ihm dabei zu, wie er langsam aufsteigt, immer höher und höher in den Himmel, bis er völlig aus Ihrem Blickfeld verschwindet.

Fragen Sie sich dann selbst, wie Sie sich nun fühlen und ob Sie dazu bereit sind, den Luftballon seine Last für immer mitnehmen zu lassen? Manchmal halten wir an uralten Gefühlen fest, die ihre Wurzeln nicht in unserem gegenwärtigen Leben haben, und dann müssen wir so weit wie nötig zurückgehen, um das Problem zu lösen.

Meditation ist ein gutes Heilmittel

Ich schwimme im inneren Meereswasser,
obwohl ich nicht schwimmen kann.
Ann Bozarth-Campbell

Es gibt viele Möglichkeiten zu meditieren. Jede Art einer mehrmals wiederholten Aktivität, die von dem geschäftigen Verstandesdenken ablenkt, ist eine Form von Meditation. Beispielsweise sind ein guter Dauerlauf, Jogging im Park, Kreistanz und viele andere Betätigungen meditativ. Nachfolgend werde ich eine normale ruhige Meditation beschreiben:

- Setzen Sie sich in bequemer Haltung hin, die Füße flach auf dem Boden, die Hände im Schoß.
- Konzentrieren Sie sich auf Ihren Atem, und achten Sie auf jedes Ein- und Ausatmen.
- Wählen Sie ein Wort, einen Klang oder ein Objekt aus, das Sie betrachten, und lenken Sie Ihre ganze Aufmerksamkeit auf einen dieser Konzentrationspunkte. Das Wort kann »OM«, »Frieden«, Ihr eigener Name oder der Name der Person sein, um die Sie trauern.
- Wenn Ihnen Gedanken in den Sinn kommen, so erkennen Sie diese, wie Sie eine Wasserblase in einem Fischteich wahrnehmen würden. Beobachten Sie den Gedanken und lassen Sie ihn vorbeiziehen.

- Setzen Sie diesen Vorgang zehn bis zwanzig Minuten fort.
- Üben, üben, üben Sie!

Gedenktage

Es ist sehr wichtig, sich an gewisse Daten zu erinnern, die mit unserer Erfahrung eines Verlustes in Verbindung stehen. Der Jahrestag, der Monatstag, der bestimmte Wochentag sind manchmal unerwartete Zeiten, wo wir an die Person denken, die wir verloren haben. Dies können sehr schmerzliche Tage sein, besonders dann, wenn wir nicht darauf vorbereitet sind.

Es ist deshalb wichtig, sich solche Daten aufzuschreiben und im voraus ein Trauerritual zu planen, damit Sie die Erfahrung des Schmerzes im Griff haben. Es ist nicht ungewöhnlich, daß Menschen zu einem solchen Zeitpunkt unerwartete und unwillkommene Rückblenden erleben, und es ist besser, darauf gefaßt zu sein, wenn solche Tage wiederkehren. Planen Sie daher eines oder mehrere der Rituale, die in diesem Buch beschrieben sind, an dem Jahres- oder Monatstag oder einen Tag davor.

Ich möchte hier noch ein Beispiel dafür anführen: Meine Schwester starb vor vielen Jahren am 14. Dezember. Meine Mutter hatte, gegen Ende ihres Lebens, am 14. November und dann wieder am 14. Dezember einen schweren Herzanfall und starb am 14. Januar. Sie war noch »vom alten Schlag« und gestand sich den Schmerz und die Trauer über den Tod meiner Schwester nicht offen ein.

Das Innere Kind in sich entdecken

Denke nicht, daß mehr im Schicksal liegt als das, was in die Kindheit gepackt werden kann. **Rainer Maria Rilke**

Dieses Ritual ist einfach. Es erfordert, daß Sie sich an einem ruhigen Ort befinden, wo Sie fünf bis zehn Minuten lang nicht gestört werden.

Machen Sie es sich bequem und atmen Sie mehrere Male tief ein und aus. Atmen Sie dann ruhig weiter, und erinnern Sie sich vor Ihrem geistigen Auge an Ihren Geburtstag, als Sie fünf Jahre oder jünger waren. Finden Sie in Ihrer Vorstellung ein Foto von sich, als Sie in diesem Alter waren. Schauen Sie sich das Foto genau an und betrachten Sie aufmerksam das kleine Kind, das Sie auf diesem Bild gewesen sind. Achten Sie darauf, wie es gekleidet ist, welche Frisur es hat und wie sein Gesichtsausdruck ist.

Lassen Sie in Ihrer Vorstellung das Kind nun aus dem Bild heraustreten, so daß es vor Ihnen steht. Strecken Sie Ihre Hand aus und spüren Sie die Hand des Kindes in Ihrer. Nehmen Sie das Kind bewußt wahr, und entwickeln Sie ein Gefühl für seine Bedürfnisse und seine Persönlichkeit. Unterhalten Sie sich mit ihm. Nehmen Sie Ihr Kind an Orte mit, die ihm Vergnügen bereiten, wie an den Strand oder in den Zoo, und spielen Sie miteinander.

Lassen Sie Ihr Kind ganz dicht in Ihrer Nähe und bitten Sie es, bei Ihnen zu bleiben, wenn Sie Ihren Schmerz über den Verlust erleben, mit dem Sie sich gerade auseinandersetzen. Spüren Sie Ihre Gefühle in vollem Ausmaß. Es ist das Kind in Ihnen, das weint oder tobt – lassen Sie ihm völlig freien Spielraum.

Wenn Sie dieses Ritual ausgeführt haben, danken Sie Ihrem Kind dafür, daß es bei Ihnen gewesen ist, und versetzen es in Ihr Inneres, so daß Sie in Ihrem Leben stets Zugang zu seiner Energie haben können.

Die Gegenwart und die Vergangenheit
sind vielleicht beide in der Zukunft
gegenwärtig, und die Zukunft ist
in der Vergangenheit enthalten.
T.S.Eliot

Räucherwerk und Heilkräuter

Überall auf der Welt werden Räucherwerk und Heil-
kräuter in Trauerritualen verwendet. Dem liegt der
Glaube zugrunde, daß der Rauch zum Reich des Geistes aufsteigt und umgekehrt auch für einen Weg sorgt,
damit der Geist zu dem Menschen gelangt, der das Verbrennen von Kräutern für sein Ritual benutzt. Man
glaubt auch, daß dieser geweihte Rauch einen Durch-
gang für den Geist eines Verstorbenen bietet, damit
sich dieser auf seinen Weg begeben kann. Bei vielen
Völkern ist auch die Vorstellung verbreitet, daß
bestimmte Kräuter den Raum reinigen, in dem sie ver-
brannt werden.

Es folgen einige Rituale, bei denen Sie in Ihrer Trauerarbeit Kräuter oder Räucherwerk verwenden können.
Das Ritual fängt damit an, daß Sie auf die Suche nach
dem geeigneten Heilkraut oder Räucherwerk gehen.
Bitten Sie als erstes im Geiste um die richtige Substanz
für diesen speziellen Vorgang. Zu den Kräutern, die ich
verwendet habe, gehören Salbei und Rosmarin. Von
den Räucherstoffen mag ich Sandelholz und »Blue
Perl« am liebsten, und Ihre eigene Wahl kann genauso
persönlich ausfallen. Sie können auch ein Parfum oder
Eau de Cologne verwenden, das Sie mögen.

Gehen Sie an einen ruhigen Ort, entweder bei sich zu
Hause oder in der Natur, wo Sie sicher sind, nicht

unterbrochen zu werden. Machen Sie sich klar, daß diese Zeit ausschließlich für Sie und Ihre Trauerarbeit bestimmt ist.

Nehmen Sie ein Taschentuch oder ein kleines Stück Stoff mit, einen Gegenstand aus dem Besitz der geliebten Person, ein Bild, einen Behälter für die Kräuter oder das Räucherwerk, Streichhölzer, einen Fächer oder eine Feder, um den Rauch zu verteilen, und alles, was Ihnen sonst noch als wichtiger Bestandteil des Rituals erscheint.

Setzen Sie sich nun in bequemer Haltung vor das Taschentuch oder Stück Stoff, das Sie ausgebreitet haben, und legen oder stellen Sie die mitgebrachten Gegenstände darauf. Zünden Sie den Salbei oder anderes Räucherwerk an.

Stellen Sie eine Verbindung zu den Gefühlen über die Person oder das Geschehen her, weshalb Sie Schmerz empfinden und traurig sind, während Sie dreimal in das brennende Räucherwerk hineinblasen. Sagen Sie dabei: »Ich vermisse dich« oder »Ich gebe dich frei« oder irgendeinen anderen Satz, den Sie als passend empfinden. Spüren Sie Ihre Gefühle, lassen Sie diese aus sich herausströmen.

Benutzen Sie dann den Fächer oder die Feder dazu, um den Rauch in den fünf Himmelsrichtungen zu verteilen: Norden, Osten, Süden, Westen und aufwärts zum Himmel. Sagen Sie dabei dreimal »Ich liebe dich« oder »Ich lasse dich gehen« oder welcher Satz Ihnen sonst richtig erscheint.

Verweilen Sie bei Ihren Gefühlen, bis Sie sicher sind,

daß das Ritual abgeschlossen ist. Danken Sie sich selbst und dem Geist für die Gelegenheit, ein weiteres Mal von Ihren Gefühlen losgelassen zu haben. Löschen Sie das brennende Räucherwerk oder Kraut aus, und danken Sie auch ihm für seine Unterstützung.

Packen Sie Ihre Sachen zusammen, und kehren Sie in die normale Alltagsrealität zurück.

Das Schönste auf der Welt
ist das Wissen,
sich selbst zu gehören.
Michel de Montaigne

Glaubensanschauungen der amerikanischen Ureinwohner

*Zu allen Wesen und allen Dingen
sollen wir wie Verwandte sein.*
Sprichwort der Sioux-Indianer

Die Ureinwohner im Südwesten Nordamerikas und auch sämtliche anderen Stämme haben viele Mythen und überlieferte Rituale. Sie glauben an die Macht des Geistes über den Körper. Ihre Heilungsrituale sind für dieses Volk ein großer Trost, vor allem für Menschen, die durch Trauer bedrückt und depressiv sind.

Im Mittelpunkt der Lebensanschauung bei den Navajos steht die Sicht des Universums als eines geordneten Ganzen. Es setzt sich aus Menschen, anderen Lebewesen, übernatürlichen Wesen und leblosen oder inaktiven Wesen, wie den Steinen, zusammen. Sie glauben, daß alles, was geschieht, in einer Wechselbeziehung zueinander steht.

Wenn sie jemandem helfen möchten, der krank oder depressiv ist, rufen sie nach einem »Gesang«, weil Singen eine der Hauptaktivitäten bei ihren Ritualen ist. Zu einem Ritual gehören Beten, Singen, das Verbrennen von Kräutern, die Reinigung des Körpers und Sandmalerei. Rituale haben ihre eigene Geschichte und bilden einen festen Bestandteil in der Lebensanschauung dieses Volkes. Häufig kennt der Mythos eine symbolische Lösung für das auftretende Problem.

Diese Rituale beziehen immer so viele Familienmitglieder und andere wichtige Personen ein, wie zusam-
mengebracht werden können. Zu den Symbolhandlungen gehört, daß die Teilnehmer den Geistern Geschenke in Form von Gebetsstöcken machen, so daß
jene dann verpflichtet sind, den Bittstellern zu helfen.
Bei anderen Arten der Symbolhandlung identifiziert
man sich mit einem wichtigen übernatürlichen Geist-
wesen, wie es beispielsweise »Changing Woman« ist.
Die Symbolhandlung besteht immer darin, sich von
negativen Gefühlen, Depression oder Krankheit zu
befreien. Dieser Prozeß wird noch dadurch verstärkt,
daß man Medizin nimmt oder in eine Schwitzhütte
geht. Mittels dieser Handlungen wird die Harmonie
von Geist und Körper wiederhergestellt.

Eines der Rituale, das ich regelmäßig ausführe, ist, in
die Schwitzhütte oder die Sauna zu gehen oder ein
Dampfbad zu nehmen. Ich folge dabei den Regeln
eines »Rituals« und fühle mich, wenn ich herauskom-
me, unweigerlich mehr im Gleichgewicht als vorher.

Manchmal haben moderne Psychotherapeuten, ähn-
lich wie die indianischen Medizinmänner, Mythen und
Rituale mit dem urbanen westlichen Lebensstil verbunden. Auch Sie könnten die oben geschilderten
Symbolhandlungen Ihrem eigenen Leben und den vor-
handenen Materialien und Gegebenheiten anpassen.
Es ist möglich, sich selbst Ihrer Trauerarbeit anzuneh-
men, und wenn Sie bei Ihren Ritualen Unterstützung
brauchen, sich an Ihren Therapeuten und/oder Freunde zu wenden.

Das Medizinrad:
eine Metapher für die Trauerarbeit

So viele Dinge interessieren uns einfach deshalb nicht,
weil sie in uns nicht genügend Flächen finden, auf denen
sie existieren können. Wir müssen daher die Anzahl von Räumen
in unserem Geist erhöhen, damit eine viel größere Anzahl
von Themen zur gleichen Zeit einen Raum darin finden kann.

Ortega Y Gasset

Die schamanische Tradition, die sich durch viele Kulturen zieht, enthält die Lehre vom Medizinrad als einen Weg, um sich mit dem Geist zu verbinden und unseren Platz im Universum zu bekräftigen. Das Medizinrad lehrt, daß jede der vier Himmelsrichtungen besondere Aufgaben für uns bereithält, die wir während unseres Lebens auf diesem Planeten und als Teil unseres inneren Wachstumsprozesses auszuführen haben. Jede Himmelsrichtung hat ihre eigenen Geister der Kraft, und es gibt bestimmte Klänge und Meditationsformen, die für den Weg um das Medizinrad vorgeschrieben sind. Ich habe festgestellt, daß es sich dabei um eine wunderbare Herausforderung handelt, die mir bei meiner Trauerarbeit hilft.

Wir beginnen im Süden, dem Ort des Inneren Heilers und des Kindes der Vergangenheit. Hier sind wir dazu aufgefordert, uns zu häuten, so wie die Schlange, und in unserem Entwicklungsprozeß nahe bei Mutter Erde zu sein. Wir können die Windgeister des Südens anrufen, daß sie uns dabei helfen, uns mit den Problemen auseinanderzusetzen, die das Kind als Teil unserer Persönlichkeit und der Innere Heiler mit Schmerz und Trauer haben.

Im Umgang mit vergangenem Leid sind wir mit der Herausforderung durch unsere Ursprungsfamilie konfrontiert. Im Umgang mit gegenwärtigem Leid sind wir mit der Herausforderung durch das Gefühl von Verlassenheit konfrontiert und auch damit, was unser Inneres Kind bei dem Verlust, den wir gerade durchmachen, empfindet. Dies ist eine Prüfung für das offene Herz, das volle Herz, das starke Herz und das reine Herz.

Die Heilmethode für den Süden ist das Geschichtenerzählen, die Meditation geschieht im Liegen, und die geeignete Musik ist das Trommeln.

Wir bewegen uns weiter zum Westen, dem Ort des Kriegers. In dieser Himmelsrichtung sind wir dazu aufgefordert, uns mit unseren tiefsten Ängsten und mit unserer Sterblichkeit zu konfrontieren. Hier erscheinen uns die Geister des Jaguars und des Grizzlybären, um uns etwas über unsere Ängste und die mangelnde Ganzheitlichkeit in unserem Leben zu lehren.

Im Westen befassen wir uns mit dem Schmerz im Zusammenhang mit dem Aufgeben unserer Illusionen. In diesem Viertel des Kreises müssen wir uns mit unserer Einsamkeit und unserer tiefen Panik darüber auseinandersetzen, einen Verstorbenen niemals mehr wiederzusehen.

Die Heilmethode für den Westen ist das Schweigen, die Meditation geschieht im Sitzen, und die Klänge werden mit Stöcken und Knochen erzeugt.

Im Norden wird uns die Aufgabe der Selbstbemeisterung angetragen. Diese Himmelsrichtung ist der Ort des Führers oder Lehrers in uns, und hier erhalten wir die Gelegenheit, andere an unserem Wissen teilhaben zu lassen. Unsere Führer sind der Büffel und das Pferd.

In dieser Himmelsrichtung sind wir mit dem tiefsten inneren Zorn darüber konfrontiert, daß wir existieren. Hier wüten wir gegen Gott (oder die Göttin), hier arbeiten wir mit unserer grundsätzlichen Auflehnung dagegen, zu leben, hier auf der Erde zu sein und die Verantwortung für unser Dasein übernehmen zu müssen.

Wenn wir uns unseren uralten, tiefsitzenden Problemen mit Schmerz und Trauer zuwenden, sind wir dazu aufgefordert, allen Familienangehörigen und letztlich uns selbst zu vergeben. Im Umgang mit gegenwärtigem Leid vergeben wir dem Menschen, der gestorben ist, oder denjenigen Aspekten von Ereignissen, die uns weh tun usw.

Die Heilmethode für den Norden ist das Tanzen, die Meditation geschieht im Stehen, und das passende Musikinstrument ist die Rassel.

Im Osten haben wir die Aufgabe, eine Vision für uns zu erschaffen. Wir gehen hier auf eine Visionssuche und bitten den Geist um seine Hilfe dafür, weit und in Weisheit sehen zu können. In dieser Himmelsrichtung steht uns der Geist des Adlers bei, der in großer Höhe fliegt und sehr weit sehen kann. Wir sind dazu aufgefordert, unser inneres Auge, unsere Intuition und unsere Weisheit zu nutzen.

Die Heilmethode für den Osten ist das Singen, und die Meditation geschieht im Gehen.

Wenn ich selbst in dieser Himmelsrichtung mit meiner Trauerarbeit beschäftigt war, habe ich darauf geachtet, was ich in den anderen Himmelsrichtungen tun muß, um meine Energie freizusetzen, damit ich eine wirkliche Verpflichtung eingehe und in meiner Visionssuche ganz präsent bin. Meine augenblickliche Trauerarbeit richtet sich auf den gegenwärtigen Verlust unter dem Blickwinkel, welche Wirkung er auf die Vervollkommnung meiner Vision hat.

Da das Medizinrad ein Kreis ist, können wir an jeder beliebigen Stelle darin anfangen und seinen Weg immer wieder nachvollziehen, während wir uns durch die Spirale des Lebens bewegen. Wir sind dazu aufgefordert, in jeder Himmelsrichtung unseren Gefühlen gegenüberzutreten und etwas dafür zu tun, um die Energie freizusetzen, die wir mit diesen Gefühlen in uns herumtragen. Dann können wir uns in unserem persönlichen Wachstum weiterentwickeln und erkennen, daß unsere Energie dafür frei geworden ist, um unsere Vision zu erschaffen.

Dieses Ritual kann in der Vorstellung ausgeführt werden oder auch tatsächlich, wofür das weiter unten beschriebene Ritual der Stein-Zeremonie als Basis dient. Es kann in sämtliche Aspekte Ihres Alltagslebens einfließen.

Ich kreise um Gott, um den uralten Turm,
und ich kreise jahrtausendelang;
und ich weiß noch nicht: bin ich ein Falke, ein Sturm
oder ein großer Gesang. **Rainer Maria Rilke**

Rezitation und Gesang

Wird in der dunklen Zeit
auch gesungen werden?
Ja, es wird auch
über die dunklen Zeiten
gesungen werden.
Bert Brecht

Viele Kulturen auf der ganzen Welt verwenden Rezitation und Gesang als Hilfe bei der Verarbeitung ihrer Trauer. Gregorianische Gesänge und Gospelsongs sind christliche Formen, die vielen von uns vertraut sind. Die Bhajans und Rezitationen der Buddhisten und Hindus sowie die Gebetsrufe der muslimischen Muezzins gehören zu Formen, die ebenfalls weit verbreitet sind. Wenn wir trauern, kann es uns oft in unserem Schmerz helfen, zu singen oder etwas zu rezitieren.

Finden Sie für sich selbst ein Lied, einen Sprechgesang oder eine Hymne heraus, die den innersten Kern Ihrer Gefühle anspricht. Suchen Sie einen Ort, wo Sie ganz ungehindert singen oder rezitieren können, und tun Sie es dann. Ich kenne ein paar Menschen, die sich dafür eine christliche Singgruppe oder einen Ashram ausgesucht haben, und wieder ein anderer setzte sich an sein Klavier und sang dazu immer wieder »Amazing Grace« als seine Form von Trauerritual.

Vielleicht haben Sie ein Tonband, das Sie besonders lieben und das die Erinnerungen an denjenigen wachruft, um den Sie trauern. Ja, das kann schmerzlich sein, doch der einzige Weg, den Schmerz zu heilen, besteht darin, ihn zu spüren. Es mag außerdem von Interesse für Sie sein, daß die durch Musik hervorgerufene Resonanz Ihren Körper mehr ins Gleichgewicht kommen läßt.

Die Stein-Zeremonie

Lerne, mit dem gleichen Auge
auf alle Wesen zu blicken,
damit du in allen
das eine Selbst erkennst.
Srimad Bhagavatam

Es handelt sich hierbei um ein altes schamanistisches Ritual, das für ganz unterschiedliche Zwecke verwendet werden kann, wie beispielsweise, wenn eine feierliche Verpflichtung eingegangen wird, bei einer Namenszeremonie und, wie in diesem Falle, bei einem Trauerritual.

Sie brauchen dafür, entweder tatsächlich oder vor Ihrem geistigen Auge, einen Ort, an dem es viele Steine und Felsen gibt. Ein Flußufer, ein Strand oder ein Berggrat sind geeignete Stellen dafür. Wenn Sie dorthin kommen, gehen Sie umher, bis Sie den richtigen Platz für Ihre Zeremonie gefunden haben.

Beginnen Sie nun damit, mit einem Stock einen Kreis in den Boden zu ziehen. Die Größe des Kreises können Sie selbst bestimmen; als Normalmaß gilt, daß der Kreis etwa eine solche Ausdehnung hat, wie Sie groß sind. Sie müssen im Mittelpunkt des Kreises stehen können.

Rufen Sie dann die Person oder die Situation, um die Sie trauern, herbei, damit sie zu Ihnen in den Kreis kommt. Nehmen Sie Ihre Gefühle dabei wahr.

Gehen Sie aus dem Kreis heraus und suchen Sie vier

Steine – einen für jede der vier Himmelsrichtungen in Ihrem Kreis.

Wenden Sie sich mit dem ersten Stein von der Mitte aus nach Süden. Erzählen Sie dem Stein von Ihren Gefühlen, die Sie für das Innere Kind in Ihrem verlorenen Freund, das kleine Kind in ihm empfinden, das er in der Vergangenheit einmal gewesen ist. Wenn Sie diesen Teil abgeschlossen haben, legen Sie diesen Stein an den südlichen Kardinalpunkt des Kreises.

Nehmen Sie nun einen zweiten Stein und wenden Sie sich mit ihm gen Westen. Erzählen Sie dem Stein von dem Freund, den Sie verloren haben, und von den kriegerhaften oder mutigen Eigenschaften, die Sie in ihm gesehen haben. Berichten Sie dem Stein von all Ihren Gefühlen über diesen Aspekt der Person, die eine Rolle in Ihrem Leben spielte – und spüren Sie Ihre Gefühle dabei. Legen Sie dann den Stein an den westlichen Kardinalpunkt des Kreises.

Verfahren Sie genauso mit dem dritten Stein: Wenden Sie sich nach Norden und erzählen Sie dem Stein, wie sehr Sie Ihren Freund wegen seiner Selbstmeisterung im Leben schätzten. Spüren Sie Ihre Gefühle über diese Seite Ihres verlorenen Freundes, und legen Sie dann den Stein an den nördlichen Kardinalpunkt des Kreises.

Wenden Sie sich nun mit dem letzten Stein nach Osten und erzählen Sie dem Stein von der Vision, die Ihr Freund hatte, und welchen Idealen er in seinem Leben folgte. Spüren Sie Ihre Gefühle dabei, und legen Sie den Stein dann an den östlichen Kardinalpunkt des Kreises.

Gehen Sie nun zum Mittelpunkt Ihres Kreises und setzen sich dorthin. Danken Sie Ihrem Freund für das, was er zu Ihrem Leben beigetragen hat.

Nehmen Sie danach jeden einzelnen Stein, danken Sie ihm dafür, Ihnen bei Ihrem Ritual geholfen zu haben, und legen Sie ihn wieder dorthin zurück, wo Sie ihn gefunden haben. Hinterlassen Sie den Ort, den Sie benutzt haben, soweit wie möglich in demselben Zustand, wie Sie ihn angetroffen haben.

Das Trauer-Totem:
die Collage oder Schatzkarte

Gestaltung, Verwandlung,
ewiges Neuerschaffen
des ewigen Geistes.
J.W.v.Goethe

Dieses Ritual wird Spaß machen und Befriedigung bringen. Bei richtiger Ausführung wird es fast wie eine Beschwörung wirken und Ihnen dabei helfen, etwas von dem Schmerz loszulassen, den Sie mit sich herumtragen.

Sammeln Sie zuerst einen großen Stapel alter Zeitschriften. Ich nehme dafür gerne Geographie- und Reisemagazine, doch ich weiß, daß fast jede Zeitschrift zu verwenden ist. Was Sie sonst noch brauchen, ist eine Schere, ein Klebestift und ein großes Stück Zeichenpapier oder -karton.

Beginnen Sie dann damit, die Zeitschriften so rasch wie möglich durchzusehen. Verwenden Sie dabei nicht Ihren Verstand, überlegen Sie nicht, sondern gehen Sie nur nach Ihrem Gefühl. Schneiden Sie Bilder, einzelne Wörter, Zitate und Überschriften aus, die etwas in Ihnen wachrufen und Sie an die Situation oder Person erinnern, um die Sie trauern. Setzen Sie dies etwa fünfzehn Minuten lang fort. Wenn Sie möchten, können Sie sich auch mehr Zeit dafür nehmen, doch je schneller und intuitiver Sie vorgehen, desto tiefer wird das, was Sie ausschneiden, Sie später ansprechen.

Wenn Sie eine ausreichende Menge an Fotos, Überschriften und Wortmaterial zusammmen haben, werden diese auf Papier oder Karton aufgeklebt. Die Person oder die Sache, die Sie verloren haben, kleben Sie in die Mitte des Papiers und ordnen dann um sie herum die anderen Materialien so an, wie es Ihnen einleuchtend erscheint.

Wenn Sie damit fertig sind, haben Sie ein Totem oder eine Schatzkarte für sich erstellt, die eine symbolische Darstellung all der positiven Gedanken und Gefühle ist, die Sie der verlorenen Person gegenüber haben. Sie haben damit auch ein Dekorationsstück geschaffen, das Sie über den Kühlschrank oder an die Badezimmerwand hängen und täglich betrachten können, um Ihre Trauerarbeit mittels dieser kreativen und inspirierten Collage fortzuführen.

Und dieses Geheimnis
sprach das Leben selbst zu mir.
»Schau«, sagte es, »ich bin das,
was sich immer wieder selbst
überschreiten muß.«
Friedrich Nietzsche

Traumdeutung

Träumer, ich bin es,
der dein Traum ist.
Würdest du erwachen,
bin ich dein Wille.
Rainer Maria Rilke

Eine der Möglichkeiten, sich mit Schmerz und Trauer auseinanderzusetzen, ist die Deutung Ihrer Träume, die Sie während einer solchen Trauerphase haben. Im folgenden wird eine erprobte und zuverlässige Methode für Sie beschrieben, um mit Ihren eigenen Träumen zu arbeiten und einige Ihrer tieferliegenden Gefühle sowie die im Traum enthaltene Botschaft zu ergründen. Diese Übung wird am besten in schriftlicher Form durchgeführt:

– Bestimmen Sie die beiden Worte, die den Traum beschreiben: das Gefühlswort (zornig, traurig, erschrocken, froh usw.) und das Handlungswort (laufen, kämpfen, springen, erstarrt oder teilnahmslos sein usw.).

– Schreiben Sie den Traum in der 1. Person und im Präsens auf, das heißt, fassen Sie den Traum in knapper Form zusammen. Schreiben Sie dann die lange und ausführliche Version des Traumes nieder.

– Sprechen Sie von den anderen Bestandteilen Ihres Traumes in der Ichform, zum Beispiel: »Ich bin der Mann in meinem Traum ... « oder »Ich bin der Stuhl in meinem Traum ... «

– Versetzen Sie sich in den Traum zurück und finden

Sie den Ort darin, wo Sie die meiste Energie haben – die Person oder das Objekt, das Sie jetzt am meisten überwältigt usw.

- Gehen Sie in den Traum hinein und konfrontieren Sie sich mit dem Teil oder Gegenstand bzw. der Person, wovon dieser starke Eindruck ausgeht. Fragen Sie: »Was machst du in meinem Traum?« und versuchen Sie, eine Antwort darauf zu bekommen. Fragen Sie weiter: »Wer bist du? – Nimm deine Maske ab!« Schreiben Sie an dieser Stelle Ihre Gefühle auf, die Sie dabei empfinden, und auch die Antworten, die Sie auf Ihre Fragen erhalten.

- Blicken Sie dem betreffenden Wesen oder Ding, nachdem die Maske abgelegt ist, ins Gesicht und sagen Sie: »Willst du mein Freund oder Verbündeter sein?« und dann: »Gib mir etwas als Zeichen für deine Bereitschaft, mein Freund zu sein.« Schreiben Sie über Ihre Wahrnehmung und drücken Sie Ihre Gefühle aus. Spüren Sie Ihre Gefühle.

- Gehen Sie nochmals durch Ihren Traum und schreiben Sie ihn so um, daß Sie ihm ganz zustimmen können, das heißt, verändern Sie alle Teile zu Ihrer Zufriedenheit, malen Sie ein anderes Bild.

- Gehen Sie in Ihrem Leben auf die Suche, um den Gegenstand zu finden, den Sie im Traum von Ihrem Verbündeten als Zeichen und Symbol erhalten haben. Es kann Sie an das erinnern, was Ihr versteckter »erschrockener Teil« Ihnen sagen wollte.

Die Erinnerung ist kostbar wegen einer Sache
– dem Erstaunen; sie bringt die Träume zurück.
Antonio Machado

70

Die positiven Gefühle verankern

*Die paradoxe Vereinigung von
widerstreitenden Kräften und
Standpunkten ... bildet das
eigentliche Rätsel der Realität.*
C.G.Jung

Oft, wenn wir uns traurig fühlen, fällt es uns schwer, uns daran zu erinnern, daß es uns jemals gut gegangen ist. Mit etwas Anstrengung können wir uns Geschehnisse in unserem Leben ins Gedächtnis zurückrufen, wo wir zufrieden und glücklich gewesen sind, unseren Spaß hatten oder ähnliches.

Suchen Sie sich einen ruhigen Platz, wo Sie nicht gestört oder abgelenkt werden. Lassen Sie Ihren Geist in eine Zeit und an einen Ort wandern, wo Sie sich gut gefühlt haben. Wählen Sie eine Phase dafür, die nicht mit dem Verlust in Zusammenhang steht, mit dem Sie gerade beschäftigt sind, sondern vielmehr eine Zeit, wo Sie wirklich ganz auf sich selbst gestellt zufrieden und fröhlich waren. Begeben Sie sich vor Ihrem geistigen Auge wieder in diese Situation; nehmen Sie die Farben und Gegenstände wahr, spüren Sie, wie es sich anfühlte, dort zu sein.

Verstärken Sie nun diese Erfahrung und das damit verbundene positive Gefühl. Halten Sie gleichzeitig den kleinen Finger Ihrer linken Hand fest. Atmen Sie tief ein und sammeln Sie diese positiven Gefühle in Ihrem kleinen Finger, so daß sie dort fest verankert sind. Lassen Sie nun den Finger wieder los und verweilen Sie noch einen Augenblick bei diesen Gefühlen.

Gehen Sie nun zu einem weiteren Ereignis über, wo Sie sich gut gefühlt haben, und wiederholen Sie denselben Vorgang wie oben. Sehen, hören, spüren und durchleben Sie die betreffende Situation. Sammeln und verankern Sie dieses Gefühl in dem Ringfinger Ihrer linken Hand.

Sie können diese Übung mit jedem Ihrer Finger, aber genauso auch mit Ihren Ohrläppchen, Ihrer Nasenspitze und jedem Körperteil ausführen, den Sie berühren können.

Wenn Sie das nächste Mal traurig sind, sich aber nicht mit Ihren Gefühlen auseinandersetzen können, dann fassen Sie einen der Finger an, der Ihnen als Anker dient. Sie werden überrascht und erfreut über das sein, was nun passiert!

Ein kleiner Hinweis zur Vorsicht: Diese Übung stellt keinen Ersatz für den Prozeß der Trauerarbeit dar. Sie dient ihnen als Hilfe, als Motivation, und ist außerdem nützlich für diejenigen, die ihren Schmerz vorübergehend »ausklammern« müssen und die Absicht haben, später daran zu arbeiten.

Tiergeister als Totem

*Der Wert der persönlichen Beziehung
zu allen Dingen liegt darin,
daß sie Vertrautheit entstehen läßt,
und Vertrautheit schafft Verständnis,
und aus Verständnis erwächst Liebe.*
Anais Nin

Der Tiergeist, der sich Ihnen als Verbündeter anbietet, ist ein hilfreicher Wächter und Führer in Zeiten der Trauer. Bei Totemtieren handelt es sich um Krafttiere, und sie sind erfreut, in eine Beziehung zu Menschen zu treten, die sich um Hilfe an sie wenden. Tiere haben, ebenso wie Steine, einen machtvollen Geist und ganz besondere Fähigkeiten, die in Zeiten großer Belastung angerufen werden können. Zur Durchführung dieses Rituals müssen Sie sich an einem ruhigen Ort aufhalten, wo Sie nicht gestört werden. Wenn Sie ein Tonband mit Trommelmusik haben, so verwenden Sie es, um sich auf Ihre Reise entführen zu lassen.

Die geistige Reise beginnt damit, daß Sie Ihren Eingang in die Unterwelt finden. Dies ist gewöhnlich eine Felsspalte, ein Loch in der Erde, ein hohler Baum, eine Höhle oder ein anderer derartiger Ort, von wo aus Sie in Mutter Erde hinabsteigen.

Folgen Sie dem Weg nach unten, bis sich eine Landschaft vor Ihnen auftut. Während Sie durch die Landschaft gehen, lassen Sie das Bild eines Säugetiers, eines Vogels oder eines Reptils die Landschaft betreten. Vielleicht können Sie nicht immer das eigentliche Tier sehen; es kann auch eine symbolische Darstellung des Tieres, wie eine Statue oder eine Gürtelspange, sein.

Wenn das Tier erscheint, bitten Sie es, Ihnen seine besonderen Eigenschaften zu nennen. Hören Sie ihm gut zu und bitten Sie das Tier, Ihnen den individuellen Beistand zu geben, nach dem Sie in dieser Phase des Trauerns suchen. Nehmen Sie sich seinen Rat zu Herzen. Danken Sie ihm für seine Hilfe und kehren Sie in Ihr normales Wachbewußtsein zurück. Machen Sie sich keine Gedanken, wenn es den Anschein hat, daß Sie sich die ganze Sache nur ausdenken.

Sie können mit dieser Methode weiter experimentieren und mit dem Geist Ihres Totemtieres so oft zusammentreffen, wie Sie es brauchen. Wenn das Tier, das Ihnen erscheint, in irgendeiner Weise feindselig ist, so erkennen Sie dies als ein Hindernis, mit dem Sie sich ein anderes Mal auseinanderzusetzen haben.

Die Geister von Krafttieren sind sehr hilfreiche und nützliche Quellen von Trost und Unterstützung, und es ist wichtig, sie zu verehren und auf verschiedene Weise anzuerkennen, damit sie weiterhin für Sie wirken.*

Sei still,
und laß das Dunkel über dich kommen,
das die Dunkelheit Gottes sein wird.
T.S.Eliot

---

* Dieses Ritual, das nicht so einfach wie die übrigen in diesem Buch ist, arbeitet mit einer Technik, bei der man wie die Schamanen im Trancezustand »auf die Reise geht«. Wenn Sie diese Praxis ausführen möchten, sollten Sie als Einführung mit dem Buch *Der Weg des Schamanen* von Michael Harner (Interlaken 1982, Taschenbuchausgabe Reinbek b. Hamburg 1986) arbeiten.

Der Zauberladen

Sie sind dazu eingeladen, irgendwo einen ruhigen Platz zu finden, wo Sie fünfzehn bis zwanzig Minuten lang nicht unterbrochen werden.

Atmen Sie tief ein und lassen Sie Ihren Geist zu jener Stadt oder zu jenem Dorf wandern, der Ihr Lieblingsort auf der ganzen Welt ist. Sehen Sie sich durch die Hauptverkehrsstraße dieser Stadt oder Ortschaft laufen, und stellen Sie bei Ihrem Gang fest, daß ein schöner Tag ist. Es ist Frühling, die Bäume haben Knospen, und Sie freuen sich über das angenehme Gefühl, an einem der von Ihnen besonders bevorzugten Orte zu sein.

Während Sie weitergehen, bemerken Sie einen kleinen Laden, der etwas zurückgesetzt zwischen anderen Gebäuden liegt. Seine Fenster sind voller Staub, und Sie können sich nicht daran erinnern, ihn vorher gesehen zu haben. Sie nähern sich ihm und spähen hinein. Im Innern entdecken Sie alle möglichen Dinge, von denen Sie niemals vermutet hätten, sie an einer Stelle zu sehen. Es ist eine Art von Trödelladen, Flohmarkt, Antiquitätenhandel und Spezialitätenladen – und dies alles in einem.

Sie öffnen die Tür und bemerken etwas weiter im Hintergrund einen sehr weisen alten Menschen, der Ihnen ziemlich vertraut vorkommt. Diese Person sagt Ihnen, daß dies ein Ort sei, wo Sie Ihre Träume verwirklichen können, wenn Sie den Wunsch dazu haben. Dafür müssen Sie einen Gegenstand aus dem Laden auswählen, der symbolisch für irgendeinen Status oder eine Veränderung steht, die Sie in Ihrem Leben erreichen möchten. An seiner Stelle können Sie eine alte Gewohnheit, ein Gefühl, eine Arbeit, eine Person oder ein Problem mit Schmerz und Trauer zurücklassen, das Sie nicht mehr in Ihrem Leben haben wollen.

Da es sich hier um einen Zauberladen handelt, können Sie alles im Austausch für jedes nehmen, das Sie hierlassen möchten. Sie werden geheißen, sich Zeit dafür zu lassen, sich nach genau dem richtigen Symbol umzusehen und auch gründlich darüber nachzudenken, was Sie zurücklassen möchten, weil es für Sie funktionslos oder schmerzlich ist.

Nehmen Sie sich nun ein paar Minuten Zeit, um in dem Laden herumzustöbern, all die wundervollen Gegenstände zu betrachten und darüber zu grübeln, was Sie dafür eintauschen wollen. Wenn Sie diesen Prozeß abgeschlossen haben, legen Sie die unerwünschte Sache ins Regal und nehmen an ihrer Stelle denjenigen Gegenstand, der Ihrem Wunsch nach am meisten die Veränderung symbolisiert, die Sie in Ihrem Leben vollziehen wollen.

Verwenden Sie noch ein paar Minuten darauf, mit dem weisen alten Menschen zu sprechen und ihm (oder ihr) zu erzählen, was Sie zurücklassen und was

Sie an seiner Stelle mitnehmen. Diese Person sagt Ihnen dann, daß Sie drei Wochen Zeit haben, um Ihre Meinung zu ändern: Wenn Sie die alte Gewohnheit, Verhaltensweise oder Ihr Problem mit Schmerz und Trauer usw. zurückhaben möchten, können Sie wiederkommen, Ihren neu gefundenen Gegenstand zurückgeben und den alten wieder mitnehmen. Dies hat den Grund, weil es für manche Menschen erschreckend ist, das Alte und Vertraute aufzugeben, und außerdem benötigen sie mehr Zeit zum Nachdenken, bevor sie völlig darauf verzichten wollen.

Danken Sie danach dem weisen alten Menschen, verlassen Sie den Laden und finden Sie sich wieder an Ihren Lieblingsort zurückversetzt. Gehen Sie die Straße hinunter, und kehren Sie langsam und ohne Anstrengung in den Wachzustand Ihrer gegenwärtigen Realität zurück.

Versuchen Sie, in den folgenden Tagen und Wochen den Gegenstand zu finden, den Sie aus dem Zauberladen mitgenommen haben – vielleicht auf einem Flohmarkt, auf dem Speicher Ihrer Großmutter oder in einem Antiquitätenladen. Erwerben Sie dieses Stück als ein konkretes Sinnbild dafür, daß Sie Ihre Lebensziele erreichen.

Meditation mit schwarzem Samt

Der Tag ist nicht mehr fern,
wo die Menschheit erkennen wird,
daß sie, biologisch gesehen,
vor der Wahl zwischen Selbstmord
und der Anbetung Gottes steht.
Pierre Teilhard de Chardin

Begeben Sie sich an einen sicheren, ruhigen Ort, wo Sie nicht unterbrochen oder gestört werden. Setzen oder legen Sie sich einige Minuten lang still hin und folgen Sie Ihrem Atem. Achten Sie darauf, wie Ihr Atem in einem regelmäßigen, vorhersehbaren Rhythmus ein- und wieder ausströmt.

Nach ungefähr zehn Atemzügen beginnen Sie sich vorzustellen, daß Sie in Schicht um Schicht von schwarzem Samt eingehüllt sind. Spüren Sie das Weiche und Behagliche des schwarzen Samtes und die Ruhe des Raumes, den Sie einnehmen.

Stellen Sie sich nach ungefähr zwanzig Atemzügen ein winzig kleines Licht in dem schwarzes Samt vor, das sich allmählich auf Sie zubewegt. Beobachten Sie, wie dieses kleine Licht immer größer wird, während es näher an Sie herankommt, bis Sie völlig von diesem Licht umgeben sind. Sie beginnen, das Licht als eine Quelle von allumfassender, tiefempfundener, bedingungsloser Liebe zu spüren.

Erinnern Sie sich, während Sie dieses Gefühl von Liebe empfinden, an die Person, die Sie verloren haben. Fühlen Sie sich von der Liebe dieser Person zu

Ihnen ebenso umgeben, wie das Licht Sie nun umgibt. Spüren Sie Ihren Gefühlen für diese Person nach. Sagen Sie ihr alles, was Sie noch nicht gesagt haben und was noch zu sagen bleibt.

Wenn Sie sich von dieser Erfahrung befreit fühlen, stellen Sie sich vor, langsam in den schwarzen Samt und schließlich in Ihren normalen Wachzustand zurückzukehren.

Der Wasserfall

Geh durch die Verwandlung, außen wie innen.
Welch tiefsten Verlust hast du erlitten?
Wenn das Getränk bitter schmeckt,
werde selbst zu Wein.

Rainer Maria Rilke

Dies ist eines meiner Lieblingsrituale, um sich selbst zu reinigen und von dem Schmerz des Verlustes zu befreien.

Wählen Sie einen geeigneten Ort, wo Sie ungestört sind. Versuchen Sie, sich tief zu entspannen, während Sie Ihrem Atem folgen, der ruhig und gleichmäßig ist.

Stellen Sie sich dann vor, daß Sie durch einen dichten Bergwald laufen, auf dem Sie schon eine Weile aufwärts gestiegen sind. Plötzlich stellen Sie fest, daß der Weg langsam in einen Abhang übergeht und Sie nach unten in ein Tal klettern müssen.

Während Sie hinabsteigen, werden Sie sich Ihrer Gefühle von Sinnlosigkeit und Schmerz bewußt. Sie verspüren tiefen Kummer oder Zorn über den Verlust, den Sie erlitten haben, und fühlen Ihren Schmerz wie eine große Last.

Es ist ein heißer Tag, und es ist Ihnen schon sehr warm geworden, als Sie auf einen Wasserfall tief in den Felsen stoßen, der sich in ein großes Wasserbecken ergießt. Lauschen Sie dem Klang des plätschernden Wassers. Legen Sie Ihre Kleider ab und steigen Sie in das Wasser hinein. Spüren Sie seine kühlen, erfrischenden Fluten auf Ihrer Haut.

Treten Sie unter den Wasserfall und fühlen Sie, wie das spritzende Wasser auf Ihren Kopf und Körper trifft. Lassen Sie das Wasser an sich herabströmen und all Ihre Schmerzen, Sorgen und Belastungen mit sich fortspülen. Sehen und spüren Sie, wie der Schmerz aus Ihrem Körper herausgewaschen wird und das Wasser Sie von all Ihrem Kummer reinigt.

Wenn Sie wieder aus dem Wasser steigen, lassen Sie sich vom Sonnenschein trocknen. Nehmen Sie wahr, wie sich jede Zelle und jedes Gewebe Ihres Körpers mit dem Sonnenlicht auffüllt, bis Sie sich voller Licht, erfrischt und erneuert fühlen.

Ziehen Sie Ihre Kleider wieder an, und gehen Sie denselben Weg zurück an den Ort, wo Sie Ihr Ritual begonnen haben.

Spiegelbilder in einem Teich

Wer kommt durstig an eine Quelle
und sieht darin den Mond sich
widerspiegeln? **Rumi**

Suchen Sie einen ruhigen Ort auf, wo Sie vor Störungen sicher sind und wo Sie sich entspannen können. Vertiefen Sie Ihre Entspannung dadurch, daß Sie ruhig und gleichmäßig ein- und ausatmen, und folgen Sie der Bewegung Ihres Atems.

Stellen Sie sich vor, daß ein warmer Sommertag ist und daß Sie nun zu einem Teich gehen, den Sie kennen. Erfreuen Sie sich an der milden Luft, dem Luftzug einer leichten Brise und an der Wärme der Sonne, während Sie auf den Teich zugehen. Spüren Sie die Grashalme an Ihren nackten Beinen, lauschen Sie den Vögeln, riechen Sie den angenehmen Duft der feuchten Erde und des Grases, auf das Sie getreten sind.

Beugen Sie sich nun über den Rand des Teiches und blicken Sie in das Wasser. Dort sehen Sie das Spiegelbild Ihres eigenen Gesichtes, das von der bewegungslosen Wasseroberfläche reflektiert wird. Beginnen Sie, auf die Veränderungen in Ihrem Spiegelbild zu achten, während Sie unverwandt in das Wasser schauen. Nehmen Sie die Erinnerungen, Gedanken und Gefühle wahr, die durch diesen Prozeß angeregt werden. Denken Sie über die Einstellungen, Verhaltensweisen oder Umstände in Ihrem Leben nach, die Sie gerne verändern möchten.

Sprechen Sie mit demjenigen Teil in Ihnen, der an dem durch Ihre Trauer ausgelösten Schmerz festhält. Sprechen Sie sanft und freundlich, und nehmen Sie die Gefühle wahr, die dabei aufsteigen.

Planschen Sie hin und wieder mit der Hand durch das Wasser und bespritzen Sie sich damit, während Sie sagen: »Ich befreie mich von diesem Schmerz.« Wiederholen Sie dies mehrere Male.

Wenn Sie diesen Vorgang abgeschlossen haben, kehren Sie in den Zustand Ihres Wachbewußtseins zurück und nehmen das Gefühl der Reinigung und Befreiung mit sich, das dieses Ritual Ihnen schenkt.

Die eigene Sterblichkeit anerkennen

Das Ende ist dort, wo wir anfangen.
T.S.Eliot

Viele von uns verbringen die meiste Zeit ihres Lebens
damit, zu leugnen, daß wir eines Tages sterben werden.
Die Energie, die wir in dieses Leugnen stecken, hin-
dert uns daran, uns wirklich voll und ganz unseres
Lebens zu erfreuen.

Es folgt ein Ritual, das Sie entwickeln können, um
den Tag Ihres Sterbens zu erforschen. In vielen Kulturen glaubt man, daß wir selbst darüber entscheiden,
wie wir sterben, und daß wir für unsere Todesart ver-
antwortlich sein können.

Arbeiten Sie bei dieser Übung mit der folgenden Vorstellung:

Dies ist Ihr Todestag irgendwann in der Zukunft. Sie
können sich die Begleitumstände selbst ausdenken:
Wo beabsichtigen Sie zu sterben, möchten Sie in Ihrem
eigenen Bett liegen, in dem Schaukelstuhl auf der Ve-
randa sitzen oder unter Ihrem Lieblingsbaum, wollen
Sie etwas tun, was Sie besonders gerne mögen? Sie entscheiden dies in Ihrer eigenen Phantasie.

Gehen Sie dann vor Ihrem geistigen Auge an diesen
Schauplatz und betrachten Sie den Ort, die Gegen-

stände, die Farben und auch die Personen, die bei Ihrem Sterben anwesend sind. Sehen Sie sich selbst in dieser Situation, sitzend oder liegend, von diesen Menschen umgeben, die entweder im Geiste oder physisch präsent sind; hören Sie die Klänge, und nehmen Sie die Gefühle wahr, wenn Ihr Geist Ihren Körper verläßt.

Lassen Sie diese Szene noch einmal vor sich ablaufen und fragen Sie sich, ob Sie es wirklich genauso erleben möchten. Achten Sie auf Ihre Gefühle dabei, und verändern Sie alles, was Sie verändern wollen. Dies ist Ihre Sterbeszene, und sie kann genau die Form haben, die Sie sich wünschen.

Wenn dies abgeschlossen ist, versetzen Sie sich wieder in Ihr normales Wachbewußtsein zurück.

Vielleicht möchten Sie diese Erfahrung aufschreiben – achten Sie darauf, Ihre Gefühle genau zu notieren.

Wenn wir erkennen, daß wir bereits tot sind,
dann verändern sich unsere Prioritäten;
unser Herz öffnet sich, unser Geist
beginnt sich von dem Nebel alter Meinungen
und Verstellungen zu befreien.

Stephen Levine

Nahtod-Erfahrungen

*Geburt und Tod sind nicht
zwei verschiedene Zustände,
sondern verschiedene Aspekte
desselben Zustandes.*
Mahatma Gandhi

Viele Menschen haben solche Erfahrungen gemacht,
und ihr Leben hat sich danach auf tiefgreifende Weise
verändert. Wenn Sie zu ihnen gehören, haben Sie sich
die Bedeutung dieses Erlebens vielleicht selbst noch
nicht völlig eingestanden – denn vor einigen Jahren
sprach man aus Furcht, für »verrückt« gehalten zu werden, noch nicht über derartige Dinge.

Rufen Sie sich diese Erfahrung ins Gedächtnis
zurück; schreiben Sie darüber und erleben Sie voll und
ganz die Gefühle nach, die damit verbunden waren.

Vielleicht haben Sie auch den Wunsch, zu Menschen
in Kontakt zu treten, die ähnliche Erlebnisse gehabt
haben. In den Vereinigten Staaten sind solche Gruppen
bereits entstanden (International Association of Near
Death Experiences). Auch wenn Sie nie eine solche
Erfahrung gemacht, doch einen geliebten Menschen
durch den Tod verloren haben, können diese Treffen
eine Quelle des Trostes und großer Unterstützung für
Sie sein.

Der Trauer-Umhang

Für das Selbst ist die See
grenzenlos und unermeßlich.
Kahlil Gibran

An diesem Ritual habe ich vor vielen Jahren auf einem Workshop teilgenommen. Aufgrund des leichten und freudigen Gefühls, das ich nach diesem Ritual immer empfinde, greife ich von Zeit zu Zeit darauf zurück. Ich habe es an vielen Stellen erwähnt gefunden und möchte hier als Quelle zitieren, daß ich in den frühen siebziger Jahren von William Schutz darin eingeführt worden bin.

Beginnen Sie damit, sich zu entspannen. Stellen Sie sich dann vor, daß Sie als Kleidungsstück ein langes Gewand oder einen Umhang tragen, der sehr schwer, schwarz und unbequem ist. Dies ist das Kleid Ihrer Trauer.

Richten Sie Ihre Aufmerksamkeit darauf, wie dieses schwere Kleidungsstück auf Ihren Schultern lastet und sich gegen Ihren Körper preßt. Fühlen Sie, wie warm und drückend dieses Gewand für Sie ist. Spüren Sie das rauhe Gewebe des Stoffes an Ihrer Haut. Nehmen Sie wahr, wie tief Ihre Verzweiflung darüber ist.

Verweilen Sie so lange in diesem unbehaglichen Zustand, wie Sie dies aushalten können. Empfinden

Sie Ihre zornigen, traurigen und erschrockenen Gefühle dabei, bis Sie glauben, daß Sie dazu bereit sind, von Ihrem Schmerz und Ihrer Trauer befreit zu werden. Rufen Sie Ihr höheres Selbst oder Ihre geistigen Führer an, oder bitten Sie Ihre Schutzgottheit darum, diese Last von Ihnen zu nehmen.

Wenn diese sich von Ihren Schultern zu heben beginnt und sich schließlich über Ihrem Kopf auflöst, stellen Sie fest, daß Ihre höhere Realität Sie mit einem leichten, feinen Gewand versehen hat, das sich wie ein Sternenregen anfühlt, der Ihren Körper hinunterströmt. Spüren Sie, wie viele winzige Lichtpunkte in Ihren Körper eindringen. Bemerken Sie, daß Sie sich nun beschützt fühlen, von Liebe und Freude erfüllt und von einer wunderbaren Leichtigkeit sind.

Genießen Sie dieses Gefühl und die wunderbare Leichtigkeit. Machen Sie sich dies voll zu eigen, so daß Sie jederzeit, wenn Sie dies möchten, zu Ihrem Kleid aus Licht zurückkehren können.

Versetzen Sie sich dann wieder in die Realität Ihres normalen Wachbewußtseins zurück.

Vertrauensbrüche

Liebe hat die Erde,
an der sie sich festhält.
Robert Frost

Häufig stellen wir fest, daß Vertrauensbruch und Verrat ein wichtiges Motiv bei den Verlusterfahrungen sind, die wir in unserem Leben gemacht haben. Es gibt große und kleinere Vertrauensbrüche.

Vielleicht möchten Sie, daß ein Freund Zeuge des folgenden Rituals wird. Wenn Ihnen ein Freund dafür nicht ohne weiteres zur Verfügung steht, können Sie auch ein Tonbandgerät benutzen und Ihre Worte während des Rituals aufnehmen.

Versuchen Sie nun, einen Spaziergang in Ihre Vergangenheit zu machen. Sie können tatsächlich spazierengehen oder dies in Ihrer Vorstellung tun. Gehen Sie langsam in Ihrem Leben zurück, um die Vertrauensbrüche aufzudecken, die Sie erfahren haben. Lassen Sie sich, während Sie rückwärts durch Ihr Leben gehen, von Ihrer Erinnerung eine Liste darüber aufstellen. Sortieren Sie diese auf Ihrem Weg zurück in größere Vertrauensbrüche, die Sie nach links tun, und in kleinere, die nach rechts kommen. Sie werden feststellen, daß die größeren Vertrauensbrüche eine stärke Reaktion in Ihrem »Bauch« auslösen als die anderen. Heben Sie sich diese für später auf.

Wenn Sie Ihre Reaktionen auf jeden der kleineren Vertrauensbrüche ausgesprochen oder aufgenommen haben, die Ihnen auf dem Weg zurück durch Ihr Leben in den Sinn gekommen sind, können Sie sich nun den schwereren Vertrauensbrüchen zuwenden. Erzählen Sie Ihrem Zeugen oder dem Tonband davon. Berichten Sie Ihrem Zeugen oder dem Tonband dann darüber, welche Konsequenzen diese Vertrauensbrüche gehabt haben.

Überlegen Sie, nachdem Sie sich mit Ihren Gefühlen über diese Vorfälle auseinandergesetzt haben, ob Sie denen vergeben können, die Sie verraten und Ihr Vertrauen gebrochen haben. Wenn Sie nicht dazu in der Lage sind, so machen Sie eine Geste der Vergebung, »als ob« dies möglich wäre. Dies ist eine Übungssitzung für die Zukunft, wenn Sie dazu fähig sein werden, völlig vergeben zu können.

Beginnen Sie nun damit, in Ihrem Leben wieder vorwärts zu gehen. Konfrontieren Sie sich mit jedem der kleineren Vertrauensbrüche und vergeben Sie den Verstoß gegen Sie.

Verbringen Sie danach noch einige Zeit damit, über die Erfahrung dieses Rituals nachzudenken.*

---

* Dieses Ritual wurde in veränderter Form aus *Search for the Beloved* von Jean Houston übernommen.

Eine Landkarte des Geistes anlegen

Nehmen Sie ein Blatt Papier und schreiben Sie in die Mitte den Namen der Person oder die Bezeichnung des Gegenstandes oder Geschehens, das die Ursache für Ihren Schmerz darstellt.

Ziehen Sie nun einen Kreis um den Namen, und zeichnen Sie von dem Kreis aus einen Strich in irgendeine Richtung. Ziehen Sie dann einen neuen Kreis, und schreiben Sie das erste Wort hinein, das Ihnen in Verbindung mit dem vorhergehenden Wort einfällt. Wiederholen Sie dies drei- oder viermal.

Kehren Sie dann zu dem Hauptkreis in der Mitte zurück, und zeichnen Sie von dort aus einen weiteren Strich mit weiteren Kreisen und jeder Assoziation, die Ihnen dabei in den Sinn kommt.

Das folgende Beispiel zeigt, wie ich selbst Befreiung vom Tod meines Mannes Dick gefunden habe.

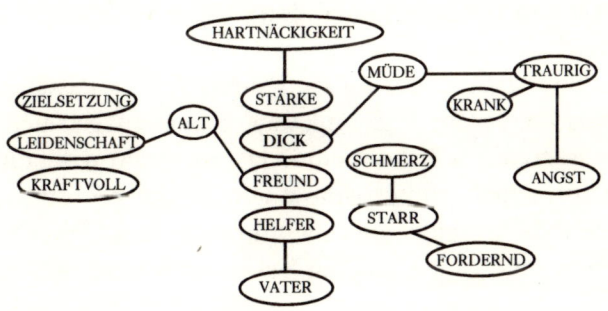

Jedes Ende ist ein Neuanfang

*Das Grab sieht wie ein Kerker aus,
doch in Wirklichkeit ist es eine
Erlösung in die Vereinigung.*

Rumi

Der Prozeß, sich mit Trauer und Schmerz auseinanderzusetzen, ist eine sehr detaillierte und Sorgfalt verlan-
gende Arbeit. Für die Kleinmütigen, die Verweigerer
oder diejenigen, die ihrem eigenen Wachstumsprozeß
nicht hundertprozentig verpflichtet sind und sich von
ihrer Vergangenheit befreien möchten, ist sie nicht
geeignet.

Sie ist das Werk der Seele oder des Geistes. Sie ist
ein Weg, der zu Gesundheit und innerer Heiterkeit
führt.

Diejenigen von uns, die sich danach sehnen, mit
ihrer Vergangenheit – ihrem Karma – ins reine zu
kommen und wirklich frei und klar in ihrem Leben und
in ihrem Umgang mit all den prächtigen Menschen zu
werden, denen zu begegnen das Vorrecht dieser kurzen
Lebensspanne ist, müssen diese Arbeit leisten. Wir
müssen sagen, was ungesagt geblieben ist, und wir
müssen uns selbst das hören lassen, was von denen, die
ursprünglich einbezogen waren, nicht gehört wurde.
Sie müssen selbst aber nicht präsent sein, damit wir in
unserem eigenen inneren Selbst zu Klarheit gelangen.

Erinnern Sie sich an die Bühne, die in einem früheren Kapitel dieses Buches beschrieben wurde? Ich möchte Sie jetzt zu ihr zurückkehren lassen. Gehen Sie zu jeder Person, die sich auf der rechten Seite der Bühne befindet, und sagen Sie »Ich liebe dich« und »Ich bin dir dankbar« zu ihr.

Dankbarkeit

*Die winzigste Transformation
ist wie ein Kieselstein, der
in einen stillen See gefallen ist.
Die kleinen Wellen, die er schlägt,
breiten sich unendlich aus.*

Emanuel

Wenn Sie sich auf diese Reise einlassen, Ihre eigene Großzügigkeit und das Gute in sich anzuerkennen und ganz klar zu dem finden, was Ihnen zusteht, werden Sie eine Transformation in Ihrem Leben erfahren. Sie werden feststellen, daß Sie denjenigen, die Ihnen diese Lektionen erteilt haben, in zunehmendem Maße dankbar sind. Ihr Leben wird von Dankbarkeit und Erkenntnis erfüllt sein.

Sie können sich Zeit dafür nehmen – lassen Sie sich so viel Zeit, wie Sie dafür brauchen. Ich schlage Ihnen vor, daß Sie in jeden Vertrag, den Sie darüber abschließen, jemandem vergeben zu wollen, beliebige Zeitgrenzen setzen. Die Arbeit wird sich in Ihrem Unbewußten fortsetzen, während Sie schlafen und auch, wenn Sie im Wachzustand sind. Sie werden überrascht und erfreut sein, wenn Sie tatsächlich die Ziele erreichen, die Sie sich gesetzt haben, und dabei häufig die Termine einhalten, mit denen Sie sich einverstanden erklärten. Denken Sie immer daran, daß dies ein gründlicher und anspruchsvoller Wachstumsprozeß ist. Häufig ist dies sehr harte Arbeit. Sie sind diese Anstrengung wert.

Literaturhinweise

Bowlby, John: *Verlust, Trauer und Depression.* – Frankfurt a.M. (Fischer-TB), 3. Aufl. 1991.

Haldane, Sean: *Erste Hilfe für die Seele.* – München (Knaur-TB), 1992.

Harner, Michael: *Der Weg des Schamanen.* – Interlaken (Ansata), 1982; Reinbek b. Hamburg (rororo-Transformation), 1986.

Justice, Blair: *Wer wird krank?* – München (Goldmann), 1991.

Levine, Stephen: *Sein lassen.* Heilung im Leben und Sterben. - Bielefeld (Context), 1992.

ders.: *Wer stirbt?* Wege durch den Tod. – Bielefeld (Context) o.J.

Ray, Sondra: *Ja zur Liebe.* – München (Erd), 1987.

Rodegast, Pat u. Stanton, Judith: *Emanuels Buch.* In Harmonie mit dem Kosmos leben. – München (Knaur-TB), 1991.

und die Bücher von Elisabeth Kübler-Ross

Über die Autorin

Elaine Childs-Gowell ist geprüfte Krankenschwester und hat ein Diplom für die Arbeit im Öffentlichen Gesundheitsdienst. Außerdem hat sie an der Universität von Washington ein Studium der Anthropologie abgeschlossen.

Sie lehrt, heilt, berät und arbeitet seit über zwanzig Jahren als Psychotherapeutin. Im Augenblick hat sie eine eigene Praxis als Heilerin und Schamanin und verbindet klinische Transaktionsanalyse mit Körperarbeit. Sie arbeitet mit Einzelpatienten, Paaren, Familien und Gruppen und hat viele Seminare über Trauerarbeit geleitet. Sie betrachtet sich selbst als eine »spirituelle Geburtshelferin«.

Ursula Craemer

Auf der Suche nach der verlorenen Kindheit

Ein Weg,
das Energiepotential zu entdecken,
das du als Kind nicht leben durftest

edition tramontane

,,In dir lebt das Kind, das du nicht sein durftest.''

Dieses Buch ist eine Einladung, dorthin zurückzukehren, wo in unserer Kindheit potentielle Fähigkeiten unterdrückt und positive Gefühle verdrängt wurden.

Durch die Arbeit mit dem ,,inneren Kind'', durch Fantasiereisen und energetische Körperübungen wird ein Heilprozeß auf der körperlichen, der bewußten und der unbewußten Ebene eingeleitet, der psychische Fesseln löst und die Lebensenergie wieder freier fließen läßt.

Ursula Craemer
**Auf der Suche nach
der verlorenen Kindheit**
120 Seiten, Broschur
ISBN 3-925828-26-5

Stéphanie Spindler

**Die Kunst,
den eigenen Weg
zu finden**

Ein kleiner Führer
zu inneren Veränderungen
und äußeren Lebenslösungen

edition
Tramontane

Dieses Buch ist für jene bestimmt, die sich in ihrer Lebenssituation und mit sich selbst nicht wohlfühlen. Es ist als Hilfe für jene gedacht, die zwar Veränderungen herbeiführen möchten – doch nicht wissen <u>wie</u>.

Wer sich darin wiedererkennt, wird hier, praktisch und einfühlsam, dazu angeleitet, seine festsitzenden Gewohnheiten und Emotionen zu erforschen, seine wirklichen Bedürfnisse zu entdecken und persönliche Lebenslösungen zu finden, die dem eigenen Weg entsprechen.

Stéphanie Spindler
**Die Kunst, den eigenen
Weg zu finden**
120 Seiten
Broschur
ISBN 3-925828-27-3